Horst Seidenfaden · Frank Thonicke

Fullewasser

HNA **Kassel**Krimi

Pro**libris** Verlag

Handlung und Figuren entspringen der Phantasie der Autoren. Darum sind eventuelle Übereinstimmungen mit lebenden oder verstorbenen Personen zufällig und nicht beabsichtigt.

Originalausgabe
3. Auflage 2008

Tel.: 0561/766 449 0, Fax: 0561/766 449 29

Lektorat: Anette Kleszcz-Wagner
Titelfoto: Karl Josef Rüther, Kassel
Druck: Fuldaer Verlagsanstalt, Fulda
ISBN: 3-935263-43-0

www.prolibris-verlag.de

Vorwort

Am 26. Juli, pünktlich zum Zissel, überraschte die HNA ihre Leser mit einer neuen Idee: Die Redaktion bot ihren Lesern die Möglichkeit, gemeinsam auf der HNA-Website einen Krimi zu schreiben. Das Thema, die Hauptfiguren und das erste Kapitel wurden vorgegeben. Und jeder war eingeladen, diesen Krimi vom Zissel mit den Kommissaren Anke Dankelmann und Bernd Stengel im Internet weiterzuentwickeln.

Die HNA-Leser ließen sich nicht lange bitten und starteten trotz 30 Grad im Schatten durch. Ob mit Freunden in der kühlen Abendluft im Biergarten oder allein mit dem Laptop auf dem Strandlaken an der Buga: Jeder Ort schien recht, um Ideen für ein neues Kapitel zu ersinnen oder der Geschichte ein weiteres, ein eigenes Kapitel hinzuzufügen - auch als der Zissel längst vorbei war, ließen Eifer und Begeisterung nicht nach. Schnell waren vier unterschiedliche Plots auf der Website nachzulesen. Der Zisselkrimi wurde binnen Kurzem zum Hit im Internet: Die Zugriffszahlen auf die neuen Kapitel stiegen von Tag zu Tag, der Krimi war, vor allem im Kasseler Rathaus, schnell Kult.

Aber nicht nur HNA-Leser, auch HNA-Redakteure ließen sich begeistern. Horst Seidenfaden und Frank Thonicke entwickelten gemeinsam einen eigenen Plot. Raus aus dem manchmal tristen Nachrichtenalltag? Phantasie statt harter Fakten? Geschichten kreieren statt über Ereignisse zu berichten? Was immer sie antrieb, man merkte auch ihnen den Spaß am

Fabulieren an. Und diese Begeisterung hat auch das KrimiTeam im Prolibris Verlag angesteckt. Wir wollten mehr davon, wir wollten die ganze Geschichte bis zum Ende und für alle, nicht nur für die Internetnutzer.

Horst Seidenfaden und Frank Thonicke haben also zusammen den Kriminalfall gelöst, den sie selbst angezettelt hatten! Und sie blieben dem Ursprungsgedanken treu: Es entwickelte sich keine gemeinsam geschriebene Story, sondern wechselseitig ging es an die Kapitel, ähnlich wie bei den verschiedenen Plots im Internet. Beide Autoren ließen sich jeweils von den Ideen des anderen neu inspirieren, und so trieben sie sich gegenseitig auf das Ende der Geschichte zu.

Das Ergebnis liegt nun als Buch vor. Der Leser wird sich an einem spannenden Kriminalroman aus Kassel erfreuen, in dem sich das Insiderwissen der Redakteure über ihre Stadt in die phantasievoll entwickelte Handlung mischt. Er ist mit viel Augenzwinkern, aber auch mit nachdenklicher Betroffenheit erzählt. Und von Seite zu Seite werden dem Leser die liebevoll gezeichneten Charaktere vertrauter und erscheinen ihm lebendiger. Es würde mich nicht wundern, wenn irgendwann Anrufer im Kasseler Polizeipräsidium mit Anke Dankelmann oder Bernd Stengel sprechen möchten ...

Anette Kleszcz-Wagner
Lektorin im Prolibris Verlag

Der Ventilator brummte leise aber stetig. Die Luft in dem kleinen Büro war zum Schneiden. Kriminalhauptkommissarin Anke Dankelmann hatte es gerade bezogen. Im Regierungspräsidium waren Zimmer frei geworden - die Personalkürzungen auf Landesebene zeigten erste Auswirkungen. Und so stopfte man Kripobeamte einfach dorthin, wo bis vor kurzem noch Planer über dem Flughafenausbau brüteten. Eines von diesen Themen, bei denen Anke Dankelmann wütend werden konnte.

Das Beste an dem winzigen Büro war noch der Ausblick: Sie konnte die Fulda sehen, und da würde bald der Bär steppen. Die Buden für den Zissel wurden schon aufgebaut. Das würde Arbeit geben, wusste die erfahrene Kommissarin. Schlägereien, Diebstähle - Kleinkram eben, aber auch der musste erledigt werden.

Und es würde viel Bier fließen. Sie selbst hatte gestern davon offenbar auch eines zu viel gehabt. Die Doppelkopfrunde bei Lohmann. Verloren hatte sie auch noch - Günter, ihr Nachbar, von dem sie glaubte, dass er heimlich in sie verliebt war, hatte gewonnen.

Der Ventilator brummte wie ihr Schädel. Da platzte die Katastrophe herein. Besser gesagt, es war der Kollege Bernd Stengel. Ebenfalls Hauptkommissar, aber nie blau. Er verabscheute Alkohol, aß statt Döner nur Gemüse und war die Fitness in Person. Ekelhaft.

„Morgen Kollegin, na, kurze Nacht gehabt?"

„Was geht dich das an?", antwortete sie mürrisch.

„Ich hab was Schönes für dich.“ Bernd Stengel warf voller Elan eine Akte auf den unaufgeräumten Schreibtisch. „Wir haben eine Wasserleiche. Offenbar einer von den Schaustellern, die die Zisselbuden aufbauen. Nicht sehr appetitlich. Bevor er im Wasser landete, hat er Stahl gefressen. Ein Messer, mitten in den Bauch.“

„Hör auf“, protestierte Anke Dankelmann, „mir ist schon schlecht. Irgendwelche Zeugen?“

„Nur ein gewisser Gianni Nobile, Student und mobiler Eisverkäufer. Der hat die Leiche entdeckt.“

Anke Dankelmann seufzte. „Der Tag fängt ja gut an.“ Sie blickte noch einmal auf die Fulda. Aus dem ruhigen Fluss war plötzlich ein Tatort geworden. Und das zum Zissel. Die Kommissarin ahnte Böses. Feiernde Menschen. Eine undurchsichtige Szene. Viel Arbeit stand bevor.

*

Gianni Nobile war weiß wie eine Wand. Er saß an der Fulda auf dem Rasen der Regattawiese im Schatten der „Spitzhacke“ und schüttelte immer wieder den Kopf. „Diesen Anblick werde ich nie vergessen. Wie der da so lag … schrecklich.“ Mit beiden Händen wühlte er sich durch sein schütter werdendes Haar, um sich körperlich abzulenken, damit die Tränen nicht flossen.

„Mir ist auch immer ganz kodderig, wenn ich eine Leiche sehe,“ sagte Bernd Stengel in beruhigendem Tonfall. „Aber trotzdem, sagen Sie uns doch bitte hier noch mal, was passiert ist, bevor wir im Büro Ihre Zeugenaussage aufnehmen.“

Nobile atmete tief durch, stand auf und ging ein Stück den Auedamm hinauf. „Ich war gerade mit meinem Eismobil auf dem Weg zur Gärtnerbrücke. Da stehe ich immer. Ja, und als ich hier an der Spitzhacke vorbeikomme, sehe ich jemanden mit dem Gesicht nach unten im Wasser liegen. Nanu, dachte ich, mit Klamotten so im Wasser, der wird doch wohl nicht tot sein? Ich hab die Polizei angerufen. Mehr kann ich nicht sagen. Wer ist er denn?"

„Das wissen wir noch nicht", log Stengel. Der Tote hatte einen Ausweis dabei und hieß aller Wahrscheinlichkeit nach Thomas Hill, 38 Jahre alt und war wohl, wie die ersten Recherchen ergeben hatten, Mitarbeiter bei einem Kinderkarussell auf der Zisselmeile.

„Okay, rufen Sie bitte Ihren Chef an, organisieren Sie eine Vertretung, wir erwarten Sie um 14 Uhr in unserem Büro", sagte Stengel und übergab dem Eisverkäufer seine Visitenkarte. Der nickte nur.

In Wirklichkeit wusste die Polizei schon viel mehr. Zum Beispiel, dass der Fundort der Leiche nicht der Tatort sein konnte. Keine Kampfspuren auf der Regattawiese, kein niedergetrampelter Rasen, weit und breit kein Blut. Nein, man musste wirklich kein Profi sein, um zu erkennen: Hier war niemand ermordet worden.

Bernd Stengel war sich ziemlich sicher, den genauen Tatort bereits zu kennen. Denn im Präsidium hatte ein Mann namens Peter Krumme angerufen. Der hatte sich als Wirt der Gaststätte „Bootshaus" vorgestellt und aufgeregt berichtet, dass er auf seinem

Grundstück viel Blut entdeckt hätte. Die „Spusi“, dachte Bernd Stengel, hat dann wirklich schnell und vorbildlich gearbeitet. Es war Menschenblut, da waren sich die Fachleute der Spurensicherung einig, und flugs alarmierte Taucher waren auch fündig geworden: Im Fuldaschlamm, unweit des Ufers, hatten sie tatsächlich ein Messer gefunden.

Wenn du das jemandem erzählst, glaubt es kein Mensch, schmunzelte Bernd Stengel. Das war ja, wie die berühmte Stecknadel im Heuhaufen entdecken. Aber Kommissar Zufall, wusste Bernd Stengel aus Erfahrung, war nicht der schlechteste Kollege.

Er blinzelte in die Sonne: Dass er jetzt auf der Regattawiese stand, lag einfach daran, dass die Strömung der Fulda die Leiche stromabwärts getrieben hatte. Thomas Hill war gegen einen Schwan geschwemmt worden und hängengeblieben. Gegen keinen richtigen, sondern gegen eines dieser unsäglichen Tretboote in Schwanenform, die an den Stegen vor der Spitzhacke lagen.

Die Gedanken des Kommissars schweiften ab. Er schaute auf das berühmte Kunstwerk. Spitzhacke mit Leiche – das könnte auch ein Titel für ein documenta-Stück sein. Dachte Bernd Stengel.

*

Das Tuch war wohl einmal blütenweiß gewesen. Doch offensichtlich machte Ordnungsamtsleiter Wilfried Frischeisen schon länger mit dem fleckigen Lappen das, was er beim Gang über die Zisselmeile gerade wieder tat: Mit großflächigen Bewegungen den Schweiß von seinem Haupte wischen.

Eine unappetitliche Angewohnheit, aber der Mann war mit seinem Äußeren und seiner beruflichen Tätigkeit im Ordnungsamt ohnehin nicht in Einklang zu bringen: Verschwitztes rosa Hemd, hinten aus einer beige-braun-karierten Hose hängend, grüne Krawatte, graue Sandalen mit geblümten Socken. Und das Ganze wurde zusammengehalten von einem Leinengürtel, der vor 20 Jahren mal in Mode gewesen sein könnte.

Frischeisen marschierte von Bude zu Bude - er kannte die meisten Geschäftsleute seit vielen Jahren, achtete aber peinlich darauf, sich nirgendwo eine Bockwurst, ein Brötchen oder gar ein Getränk ausgeben zu lassen.

„Hamse schon gehört", sprach ihn da Bratwurstbudenbesitzer Ingo Bruffke an, „am Bootshaus wimmelt es von Polizisten."

„An welchem Bootshaus? Grün-Weiß, ESV Jahn?"

„Nein, nein", unterbrach ihn Bruffke, „an der Kneipe."

„Was ist passiert?"

„Ein paar haben was von 'ner Leiche gehört, aber Genaueres wissen wir nicht. Hoffentlich sorgt das nicht für zuviel Wirbel, denn jetzt haben die Leute doch bestimmt Angst, zum Zissel zu gehen, was meinen Sie?"

„Ich glaube, da ist eher das Gegenteil der Fall. Die werden alle zum Glotzen und Tratschen kommen", meinte Frischeisen, der schon längst sein Handy aus der Tasche geholt und die Nummer der Polizei gewählt hatte.

„Dankelmann", meldete sich die Hauptkommissarin.

„Hier Frischeisen, was ist denn am Bootshaus los?"

„Wir haben da eine Leiche gefunden, und es wäre wohl ratsam, wenn Sie schleunigst zu mir ins Büro kämen, wir müssen mal besprechen, wie wir das alles öffentlich machen."

Frischeisen durchzuckte ein furchtbarer Gedanke. „Ist doch wohl hoffentlich kein Promi, den es da erwischt hat?", fragte er.

„Ne, aber über etwas anderes machen wir uns Gedanken", sagte die Kommissarin.

„Und das wäre?", fragte Frischeisen unwirsch. Es ging ihm auf die Nerven, dass sie ihm die Wahrheit tröpfchenweise präsentierte.

„Unsere Taucher haben in der Fulda ein Messer gefunden. Wenn das die Tatwaffe ist, dann haben wir ein Problem. Es stammt aus der Küche der Rathauskantine und gehört wohl dem Koch. Jedenfalls ist Peter Seegers Name darauf eingraviert."

„Ach, du Scheiße", entfuhr es Frischeisen. Er klappte sein Handy zu, wischte sich mit dem schmuddeligen Tuch über den Kopf und marschierte Richtung Hessenkampfbahn, wo sein Auto geparkt war.

*

Mittagszeit. Die Glocken der Kirchtürme in der Innenstadt wehten das 12-Uhr-Geläut bis hinüber zum anderen Fuldaufer, weit ins Buga-Gelände hinein. Jochen Beller saß einsam an einem Vogelbeobachtungspunkt und stierte auf das ruhige Wasser des Sees. Seine Gedanken waren weit weg, das Glockengeläut erreichte ihn nicht. Jochen Beller, CDU-Landtagsabgeordneter und Stadtverordneter, nutzte die Mußestunde vor dem Zisseltreiben für einen ganz persönlichen Rückblick kurz vor seinem 42. Geburtstag.

Beller war einst in die CDU eingetreten, weil er einen Beitrag leisten wollte zur Bewahrung konservativer Grundwerte, weil er ein patriotischer junger Mann war und dort sein Zuhause vermutete. Gleichzeitig war er aber auch einer, der sich intensiv um ausländische Mitbürger kümmerte, viele Freunde unter ihnen hatte. Und irgendwann in diesen Jahren war es passiert, dass er seinen persönlichen Glauben infrage gestellt hatte. Er hatte sich mit dem Islam beschäftigt und war konvertiert. Zum Unwillen mancher Parteimitglieder – die Spitze äußerte sich nicht. Aber dienlich in der Fehde war es ihm sicherlich nicht gewesen, dass er sich in Yussuf Ben Said umbenannt hatte. Jedes Mal, wenn er jetzt ans Rednerpult im Parlament trat, hieß es: „Das Wort hat der Abgeordnete Ben Said." Schmunzeln, verhaltenes Gelächter – das war immer noch die Reaktion darauf.

Letztlich war es eine Mischung aus Faszination und Trotz, die aus Jochen Beller Ben Said werden ließ. Er war oft in der Türkei gewesen, und der Islam faszinierte ihn. Seine Sympathien für die Religion sorgten in der CDU schnell für Befremden. Als Beller dann noch in einen Skandal verwickelt war, in dem es um

Nebeneinkünfte von Politikern ging, die als Lobbyisten für einen Pharmakonzern auftraten, drohte Bellers Stern zu sinken, bevor er so richtig aufgegangen war. Ja-Sager aus den hinteren Politreihen fielen regelrecht über ihn her.

Jochen Beller war aber eine Kämpfernatur. Und er zeigte es ihnen allen. Sein Übertritt zum Islam hatte in der Partei zunächst für einen Sturm der Entrüstung gesorgt – aber damit hatte Jochen Beller gerechnet. Besonders das Frauenbild im Islam passte nicht zu Parteibeschlüssen zur Gleichberechtigung der Frau. Aber als sich die Gemüter ein wenig beruhigt hatten, meldeten sich hinter den Kulissen gewiefte Parteitaktiker und Pragmatiker zu Wort. Selten hatte ein CDU-Abgeordneter in letzter Zeit soviel Sendezeit im Fernsehen gehabt – sogar bei Sabine Christiansen und Maybrit Illner hatte Beller Auftritte gehabt. Und er kam durchaus sympathisch rüber. Außerdem besetzte er geradezu ideal eine Randposition, um an Wählerstimmen zu kommen, mit denen ernsthaft bisher keiner gerechnet hatte, nämlich die von Türken mit deutschem Pass. Kurzum: Ben Said nutzte der Partei mehr als er ihr schadete.

„Ramala ding dong …"

Sein Handyklingelton schreckte ihn aus seinen Gedanken auf. Der Ton wies ihn als Huskies-Fan aus, was er aber nicht war. Es war eher eine opportunistische Anschaffung gewesen, um sich als sportpolitischer Sprecher der Landtagsfraktion einen praxisnahen Anstrich zu geben.

„Ben Said", meldete er sich.

„Ich bin's. Wo bist du denn?", fragte seine Freundin Eva.

„Ach, ich sitze am Buga-See und denke nach über dieses und jenes."

„Komm mal schnell nach Hause. Beim Zissel hat es einen Mord gegeben. Der Typ ist mit einem Messer erstochen worden, auf dem *Peter Seeger* steht. Habe ich zufällig von einem Kollegen bei der Polizei gehört."

„Mist. Bin unterwegs."

Eva war Büroangestellte im Regierungspräsidium, arbeitete halbtags. Und Peter Seeger war ein guter Freund. Den Kantinenchef aus dem Rathaus hatte er gestern noch in der Küche besucht, weil er ihm das Catering für seine kleine Geburtstagsparty überlassen wollte. Nordhessisch sollte gekocht werden, denn trotz seines Übertritts zum Islam wollte er doch noch nicht so ganz von seinen Essens-Gepflogenheiten lassen.

Peter, ein Messerstecher? Undenkbar. Aber er selbst war gestern von vielen in Seegers Küche gesehen worden. Und er hätte die Gelegenheit gehabt, das Messer zu klauen.

*

Polizeihauptkommissar Bernd Stengel schaute aus dem Fenster seines Büros und grübelte. Sie hatten wenig Neues herausgefunden über Thomas Hill, den sie Stunden zuvor tot aus der Fulda geholt hatten. 38 Jahre, ledig, geboren in Würzburg, kein Schulabschluss, lange Zeit Gelegenheitsarbeiter, die Anstellung als Schaustellergehilfe hatte er aber schon seit drei Jahren – ohne jede Vorstrafe. Er wohnte in einem Einzimmerappartement am Wesertor, die Kollegen durchsuchten gerade die Wohnung.

Bernd Stengel hatte sich selbst ein Bild zu machen versucht, hatte Nachbarn befragt, den Inhaber des Kiosks gleich nebenan. Thomas Hill war offensichtlich ein Einzelgänger gewesen. Verwandte waren nicht zu ermitteln, die Eltern waren beide tot, ein Bruder lebte auf Mallorca, noch gab es keinen Kontakt. Hills Arbeitgeber, ein Schausteller aus Rotenburg, der in Nordhessen mehrere Kinderkarussells auf Tournee schickte, war mit seinem Mitarbeiter sehr zufrieden. „Das war ein stiller, ruhiger Mann, und immer nett zu den Kindern und den Eltern. Der machte jederzeit Überstunden", hatte Kurt Möller beim ersten Gespräch am Auedamm gelobt.

„Kontakte mit anderen Schaustellergehilfen?", hatte Bernd Stengel nachgehakt.

„Nicht, dass ich wüsste."

Einen fanden sie dann doch, der gelegentlich zwischen den Jahrmärkten mal mit Thomas Hill einen getrunken hatte: Gerd Vollmer, der eine Losbude betreute. Als er erfuhr, dass sein Kumpel getötet worden war, schlug er die Hände vors Gesicht. „Gibt's doch nicht", stammelte er. „Der hat doch keinem was getan!"

Viel erfuhren sie nicht von Vollmer über seinen Bierkumpan. „Beziehungen? Sie meinen, ob der mal ein Mädel gehabt hat? Na ja, auf so 'nem Fest wie dem Zissel tut sich immer mal was. Aber nix Festes, ne, garantiert nicht, das wüsste ich."

Wann sie denn das letzte Mal zusammen weg gewesen seien? „Am Dienstag dieser Woche, Mittwoch hatten wir noch bis mittags frei, da sind wir los mit ein paar Bieren ins Buga-Gelände. Als wir heim sind, so gegen zehn Uhr abends, da waren wir ganz schön besoffen."

Irgendwas gelaufen auf dem Buga-Gelände? „Ne, war zu heiß, zwischendurch haben wir mal ein bisschen gebolzt mit so 'ner Kickertruppe, aber Tom konnte kaum noch laufen, da sind wir wieder weg."

Arg wenig, was von einem Menschen nach 38 Jahren an Fakten übrig blieb, dachte sich Stengel. Den Bruder würden sie noch ausfindig machen, aber viel versprach er sich nicht davon.

Warum sollte man einen Schaustellergehilfen umbringen? Wegen eines Streits? Dazu war Hill wohl nicht der Typ. Weil man jemanden ausrauben wollte? Kaum, das Konto war leer geräumt und viel verdienen konnte man in dem Job eh nicht. Weil Hill vielleicht die Braut eines anderen angebaggert hatte und der aus Eifersucht … Den Schilderungen nach passte das nicht ins Bild von Thomas Hill. Das war einer, der wurde angebaggert. Eine alte Rechnung aus grauer Vorzeit? Sie würden viel nachgraben müssen, keine Frage.

Stengel seufzte und drehte sich um, er hatte Schritte gehört. Es war Anke Dankelmann. Die hatte sich vom Doppelkopfabend prächtig erholt und strahlte vollste Dynamik aus. „Du, wir sind auf der Suche nach diesem Peter Seeger – der Mann ist verschwunden, abgetaucht, verschollen."

„Klar müssen wir ihn finden, aber wer ist denn schon so blöd und knipst einen mit einem Messer aus, auf dem der eigene Name eingraviert ist. Nichts ist unmöglich, aber das …"

„Hab ich auch gedacht. Aber wenn er es nicht war, hätte er doch beispielsweise heute locker zum Dienst erscheinen können. Isser aber nicht. Kein Anruf, keine Entschuldigung. Weg."

„Und wer kocht dann heute im Rathaus?", fragte Stengel der Vollständigkeit halber.

„Die Gerüchteküche", sagte Anke Dankelmann und ließ ihren Partner einfach so stehen.

„Manchmal", murmelte der vor sich hin, „manchmal fühle ich mich so unglaublich müde. Einfach nur müde."

*

Der klapprige rote Mercedes stand etwas schräg in der Parkbucht, doch Wilfried Frischeisen war das völlig wurscht. Schließlich war dies hier der Rathausinnenhof, und er war der Chef des Ordnungsamts. Was nicht in Ordnung war, bestimmte er. Und das, fand er, war in Ordnung. Frischeisen wuchtete sich aus dem Auto und verschwand durch den Hintereingang im Rathaus.

Ein komischer Typ, dachte Hans Auffarth, der Parkwächter an der Einfahrt. Sieht aus wie ein Penner, macht immer einen auf dicke Hose und alle stehen stramm. Er selbst trug immer korrekt Jeans, Jackett und Krawatte, aber niemand stand stramm. Muss was mit dem Parteibuch zu tun haben, dachte er – denn er hatte keins.

Unterdessen war Frischeisen im Büro des OB angekommen, hier saßen der Rathaus-Chef, der Bürgermeister und Ordnungsdezernent sowie der Referent des OB um einen kleinen Tisch herum. Es gab Kaffee, Wasser und – Gott sei Dank!, dachte Frischeisen – Plätzchen.

„Na, dann legen Sie mal los", sagte OB Schmalz-Kernfried und schaute ein wenig vorwurfsvoll auf die Uhr, um zu signalisieren, dass Frischeisen ein paar Minuten zu spät dran war.

Dieser Pedant, dachte sich der Chef des Ordnungsamts, vor zehn Jahren hat der Mann noch in jeder Stadtverordnetensitzung einen Ordnungsruf gekriegt, hatte mit schlabbernden Klamotten in den Alternativen-Kneipen im Vorderen Westen rumgehangen. Karrieren gibt's. Und dann stellen die Grünen aus Jux und Dollerei bei der Direktwahl genau den Burschen als Kandidaten auf, die Wahlbeteiligung rauscht in den Keller, und plötzlich ist ein Grüner Oberbürgermeister. Keine Frage: Der Mann kam beim Volk gut an. Den Doppelnamen hatte er sich auch erst nach der Wahl verpasst. Ob mit oder ohne Doppelnamen: Im Rathaus hatte es der gute Mann schwer bei den Mitarbeitern. Zu häufig hatte er sich als Stadtverordneter auf die Behörde eingeschossen, zu viele waren gekränkt oder verletzt worden.

„Das sind die Fakten", sagte Frischeisen und erzählte von der Leiche, vom Messer, von der Querverbindung zu Peter Seeger, dass selbiger heute nicht zum Dienst erschienen sei und dass man insgesamt doch sehr im Dunkeln tappe.

„Hat jemand bei Seeger zuhause angerufen?", fragte OB-Referent Marc Wimmel.

„Wir haben sogar geklingelt," sagte der Bürgermeister. Enno Holzapfel, rathausintern nur „Woody" genannt, war ein Parteiloser im Amt des zweiten Mannes – Kassel hielt einige politische Überraschungen bereit.

„Was müssen wir bedenken?", wollte der OB wissen. „Wem kann das politisch gefährlich werden?"

„Da sehe ich im Augenblick wirklich niemanden", sagte Frischeisen. „Aber ich halte alle auf dem Laufenden."

„Wollen wir eine Pressemitteilung schreiben?", fragte „Woody" Holzapfel.

„Was soll da denn drin stehen? Dass wir den Tod bedauern und dem Zissel einen guten Verlauf wünschen? Das landet bei der HNA in der Redaktion doch sofort im Papierkorb. Und ich kann die Leute sogar verstehen." Frischeisen winkte ab.

„Na gut, oder auch nicht gut, wie auch immer, wir bleiben in Kontakt." Damit hatte Schmalz-Kernfried die Sitzung beendet. Bis auf Referent Marc Wimmel gingen alle. Die Tür wurde geschlossen.

„Irgendwas passt da nicht zusammen", meinte Schmalz-Kernfried. „Irgendwas ist zu offensichtlich, irgendwas braut sich da über uns zusammen …"

„Du und dein Instinkt", sagte der Referent. „Aber meistens hast du ja Recht. Dennoch: Lass uns mal ein wenig Aktenarbeit machen."

„Aber danach geht's ins Kulturzelt."

Das war, wie Wimmel wusste, keine Bemerkung. Es war ein Befehl. Und es war Programm. Der Dienstwagen des OB und sein Fahrer hatten eine lange Nacht des Wartens vor sich.

*

Irgendwie schien sich das Wetter in den letzten Jahren zu ändern. Im August regnete es, was der Himmel hergab, dafür wurde dann der Herbst sehr schön. Stengel hoffte, dass es auch in diesem Jahr im September und Oktober so werden würde. Ein goldener Herbst. Bernd Stengel liebte solche goldenen Tage. Die Verfärbung des Waldes, der Geruch des Herbstes, besonders, wenn man abends oder am frühen Morgen durch die Wälder joggte. In den Abendstunden wurde es zwar manchmal etwas frisch – aber mit einer dicken Jacke konnte man es aushalten.

Stengel startete den Motor seines Wagens und fuhr aus der Garageneinfahrt. Klassentreffen, nein, eigentlich ein Jahrgangstreffen seines Abi-Jahrgangs. Mein Gott, das war so lange her. 1979 war das, Albert-Schweitzer-Schule. Und schon stieg ihm der Geruch der Maische aus der Martini-Brauerei in die Nase. Wenn der Wind richtig stand, drang dieser Geruch in alle Klassenräume. Vielleicht war das der Grund, warum er bis heute wenig Alkohol trank? In

Gedanken zuckte er die Schultern, winkte seiner Frau Elfi zu und düste ab nach Espenau. Klassentreffen auf der Freizeitanlage, wenn das mal gut ging.

In den Jahrgängen gab es damals noch einen starken Jungenüberschuss – lange Jahre war das ASS eine reine Jungenschule gewesen. Vor fünf Jahren hatten sie sich das letzte Mal gesehen, Gott sei Dank war es kein Schaulaufen der Eitelkeiten geworden. Mein Haus, mein Auto, mein Boot – die Nummer war nicht gelaufen. Keine Protzereien, hoffentlich heute auch nicht.

Stengel fuhr Richtung Ihringshausen und seine Gedanken wanderten wieder einmal zum Zisselmord. Er drohte zur Ermittlungssackgasse seines Lebens zu werden. Null Anhaltspunkte. In den vergangenen Tagen hatte er akribisch alle Fakten zum x-ten Mal gecheckt. Ein dickes Raster auf ein riesiges Blatt Papier – von einer alten Zeitungsrolle – gemalt. Ben Said. Das Messer. Frischeisen. Thomas Hill. Die Schausteller. Die Spurensuche in Hills Wohnung. Die Vernehmungsprotokolle. Nichts, nichts, nichts.

Anke Dankelmann und er waren im Umgang miteinander sehr schweigsam geworden. Der Frust legte sich über eine eigentlich unglaublich erfolgreiche Beziehung des Ermittler-Duos. Er bewältigte den Frust mit Sport, Anke mit fröhlichem Privatleben. Wichtig war: Sie mussten die Fakten im Kopf behalten, das Alarmsystem musste funktionieren, wenn plötzlich ein Hinweis auftauchte. In welchem Zusammenhang auch immer.

Ortsschild Hohenkirchen, hier ging es irgendwo links ab, Stengel fuhr langsam, bog nach links und gleich wieder nach rechts ab. Irgendjemand hatte einen Hinweispfeil mit der Aufschrift ASS hingehängt - da musste es wohl sein. Stengel parkte am Straßenrand und marschierte in Richtung des Lärms. In einer Senke lag die Freizeitanlage, er ging die paar Treppenstufen hinunter, an den separaten Toilettenhäuschen vorbei und sah die Meute vor dem großen Haus und auf der Wiese verteilt.

„He, Spargel, wo bleibst du denn? Haste noch 'ne Wasserleiche gerettet?" Alfons von der Kleye, der Klassensprecher, hatte ihn entdeckt. Spargel - heute nannte ihn keiner mehr so, obwohl er noch immer so dünn und so hoch aufgeschossen war. Er schmunzelte. Wenn Anke das wüsste ...

„Ne, hab den Rettungswagen für dich bestellt, die kommen um 11 Uhr zum Magenauspumpen zu dir. Wenn du willst mit Blaulicht. Aber vielleicht reicht ja auch nur Licht, blau bist du ja jetzt schon."

Gelächter, Schulterklopfen, jemand drückte ihm eine leere Bierflasche in die Hand. „Du wolltest doch nix trinken, oder?" Wilfried Kloss, genannt Billy Boy, weil er im Sport immer Anzüge trug, die wie Ganzkörperkondome aussahen. Stengel atmete auf. Es würde ein lustiger Abend werden. Reichlich Ablenkung. Reichlich Anekdoten. Reichlich Bier.

„Ich mache mich los, meine Olle holt mich ab." Hans-Peter Steinmetz, genannt Stone, sein langjähriger Banknachbar, kam gegen 23 Uhr auf ihn zu. „Bis bald, Bernd, pass auf dich auf, du hast hier von uns den gefährlichsten Job."

„Mach ich, ich freu mich schon auf das nächste Treffen."

„He, Stone, welche Olle holt dich denn ab – deine Dritte oder deine Vierte?" Frank Pfaff, genannt der Papst, lachte über seinen Witz.

„Deine Olle, was glaubst du denn?" konterte Stone.

Die Menge brüllte. Irgendwie, dachte Stengel, war es immer so gewesen. Manchmal sogar in den Schulstunden.

Als sich die Meute wieder beruhigt hatte, kam Papst auf ihn zu. „Hömma Spargel, kannze mir ma'n Rat geben?"

„Was ist los?", fragte Stengel. Eigentlich konnte Papst 'ne Menge ab, er hatte den ungewöhnlichsten Berufsweg eingeschlagen, hatte von seinem Onkel ein Unternehmen mit zwei Riesenrädern geerbt. Wenn Messe war, ging Stengel mit seinen Kindern immer hin, solange sie noch klein waren. Zahlen wollte er immer, zahlen durfte er nie. Klassenkameraden sind so was wie Blutsbrüder, hatte Papst immer gesagt.

„Du weissoch, dass jetze Herbstmesse is. Auf der Schwanenwiese. Und seit zwei Jahren hammer da Zirkus."

„Quatsch, der ist doch längst weg. Der Barum ist jetzt in Köln."

„Bernd, nu is gut. Ich mein, wir Schausteller ham Zirkus. Mit irgend so einer Ratte vom Rathaus. Die wollen Kohle sehen für Stellplätze. Hab ich nur gehört, bei mir warnse nich. Ich hab zu viele Leute, da gibt's sonst was auf die Nase. Mussu dich mal umhören. Jetzt hab ich aber Durst."

Bernd Stengels inneres Alarmsystem stand auf Dauerrot. Ob er jetzt noch Anke auf dem Handy anrufen konnte? Einen Versuch war es wert. Er zückte seinen Dienstapparat – das war wirklich eine exklusive Freizeitanlage. Sogar Handy-Empfang gab es hier.

*

„Wo bleibst du denn, wir waren um acht Uhr verabredet!" Anke Dankelmann war ein Morgenmuffel. Wenn es eines letzten Beweises dafür bedurft hätte, dann lieferte sie ihn bei frühen Terminen zuverlässig und nachhaltig ab.

„Mein Gott, es ist 8.10 Uhr. Ich war beim Chef, seit sieben Uhr. Nun mach mal halblang. Als du noch ausgesehen hast wie ein Cocker Spaniel nach einem Starkstromschlag, da habe ich schon im Präsidenten-Office gesessen."

Stengel ließ mal wieder den topfitten Asketen raushängen. Wahrscheinlich schläft der auch noch auf einem Nagelbrett, dachte die Kommissarin. Hoffentlich war mindestens ein Nagel rostig ...

„Zur Sache, Schätzchen. Du hast also gestern mit deinen betrunkenen Klassenkameraden gesprochen und einer hat was von Erpressung angedeutet, wenn ich deinem Genuschel am Telefon heute Nacht Glauben schenken darf." Kollegiale Beleidigungen der gewohnten Art am frühen Morgen halfen ihr zwar beim Wachwerden, führten aber unweigerlich zu Retourkutschen mit hoher Drehzahl.

„Was du trotz Ohropax in deinem einsamen Schlaf so alles mitkriegst. Ja, jetzt im Ernst. Der Mann heißt Frank Pfaff, wir nennen ihn alle Papst."

„Und wie nennen sie dich?"

„Chef natürlich. Also, weiter." Stengel wurde rot, Dankelmann grinste. Da war doch sicher noch mehr ...

„Der hat ein Riesenradunternehmen, zwei Betriebe. Er hat mitbekommen, dass Schausteller ihre Stellplätze in Kassel nur kriegen, wenn sie das Ordnungsamt schmieren."

„Und mehr war gestern nicht drin?"

„Ne, beim besten Willen nicht. Ich bin dann heim und habe aus dem Auto den Chef angerufen. Wir müssen heute sofort ran, wir kriegen zwei Kollegen zur Verstärkung."

„Wen denn?"

„Fred Linne und Peter Hansmann."

„Das ist okay, die waren am Anfang bei den Ermittlungen auch dabei. Wie machen wir es denn nun, Sportsfreund?", fragte Dankelmann.

„Wir fahren zum Papst und schicken nach dem Gespräch die Jungs auf die Reise."

„Darf ich denn in dieser Aufmachung zum Papst?", fragte Anke Dankelmann, die einen schulterfreien Pullover trug.

Stengel grinste. Jetzt war sie wieder normal.

*

Frank Pfaff sah ein wenig zerknittert aus nach dem Klassentreffen.

„Na, Frank, biste noch nicht fit? Wie lange ging das denn gestern noch?“, fragte Stengel.

Pfaff gähnte und reckte sich. „Sorry, Madame, normalerweise sehe ich nicht aus wie ein ungebügelter Damenstrumpf, aber gestern ...“

„Ich weiß, Bernd hat mir alles erzählt. Fangen wir an.“ Anke Dankelmann zückte ihren Recorder.

„Bernd? Ach so, der Spargel hier. Na gut, dann eben Bernd.“ Pfaff bot ihnen einen Stuhl an. Offensichtlich konnte man vom Riesenradgeschäft gut leben. Das Mobiliar in seiner Altbauwohnung in der Pestalozzistraße war erlesen. Sein Mundgeruch auch.

„Wir brauchen einfach ein paar Fakten. Von wem weißt du, dass er für einen Stellplatz zahlen musste?“ Bernd Stengel wurde unruhig. Dankelmann staunte.

„Ich hab das alles schon vorbereitet, hier ist eine Liste.“ Pfaff ging zu einem Louis XVI-Sekretär, zog lautlos eine Schublade auf und entnahm ihr ein Blatt. Fünf Namen mit Adressen und Telefonnummern waren darauf.

„Wie sollen wir damit umgehen, äh, ich meine ...“ Anke Dankelmann war verdattert. Der Mann hatte gearbeitet wie ein Privatdetektiv in einer RTL-Serie.

„Ihr könnt den Kollegen ruhig sagen, dass ihr die Infos von mir habt. Ich hab die ganze Zeit schon gesagt, dass wir das an die große Glocke hängen müssen. Die hier sind alle bereit, was zu sagen. Aber betroffen sind sicher noch mehr. Cognac?“ Fragend blickte er Anke Dankelmann an.

„Was Härteres haben Sie nicht um 9 Uhr morgens? Ich mag keine saufenden Weicheier.“

Pfaff prustete los. „Nette Kollegin haste da, Spargel. War nicht so ernst gemeint. Ich hau mich wieder hin. Macht es gut.“ Und verschwand im Nachbarzimmer.

„Na, den hat es aber echt umgehauen gestern“, sagte Stengel auf dem Weg zur Tür.

„Spargel?“, fragte die Kommissarin.

„Er ärgert mich immer damit“, stammelte Stengel.

„Von grünem Spargel habe ich schon gehört, aber weißer mit rotem Kopf, das ist neu“, sagte seine Kollegin grinsend.

*

Stengel steuerte den Dienst-Passat langsam durch Bettenhausen. Heinrich-Steul-Straße, da wo die gewöhnungsbedürftig attraktiven Wohntürme von den Segnungen des sozialen Wohnungsbaus kündeten.

„Da vorne ist es“, sagte Anke Dankelmann und zeigte auf ein Anwesen 50 Meter weiter vorn auf der rechten Seite. Ein völlig verwildertes Grundstück und ein eigentlich hübsches an die Gründerzeit erinnerndes Häuschen mit heruntergekommener Fassade. Die Fensterläden waren geschlossen. Hinter dem Haus standen einige Bratwurstbuden, ein Tieflader und ein paar Lieferwagen. Merten Badbergen hatte im Augenblick offenbar Urlaub. Sie parkten, stiegen aus und gingen zum Gartentor, das sich knirschend öffnen ließ. Moos quoll aus den Bodenplattenritzen. Die Klingel schellte nicht, sie schlug Alarm. Ein paar Sekunden später öffnete sich die Tür, ein akkurat gekleideter Mittvierziger, umgeben von einer Wolke Rasierwasser, öffnete.

„Herr Merten Badbergen?“, fragte ihn Anke Dankelmann.

„Dann sind Sie von der Polizei, oder?“ Der Mann blickte auf Stengels gezückten Dienstausweis und bat die beiden herein. Ein aufgeräumter Flur, einige Umzugskartons standen in der Ecke, es war frisch tapeziert. In dem Raum, in den sie geleitet wurden, offensichtlich eine Art Arbeitszimmer, sah alles picobello aus.

„Ich nehme an, Sie sind überrascht von dem Unterschied zwischen draußen und drinnen. Ich nutze das Grundstück schon seit Jahren für meinen Betrieb, habe das Haus aber jetzt erst erwerben können. Innen habe ich alles renoviert, der Rest folgt im Frühjahr.“

„Stimmt, ein bisschen überrascht sind wir schon. Wir, das sind meine Kollegin Anke Dankelmann, und mein Name ist Bernd Stengel. Wir ermitteln im Zisselmord, möglicherweise hat diese Geschichte, die Frank Pfaff uns erzählt hat, etwas damit zu tun. Ein toter Schaustellergehilfe und Schmiergeldzahlungen ans Ordnungsamt - könnte was dran sein. Was ist denn so passiert in letzter Zeit?“

„Das Ganze ging vor zwei Jahren los. Als es um den Weihnachtsmarkt ging, bekam ich einen Anruf. 500 Euro - oder ich kriege keinen Stellplatz. Ich habe natürlich nicht gezahlt und ging dann prompt leer aus."

„Und? Beschwerde beim Ordnungsamt?", fragte Stengel.

„Klar. Aber die haben einfach behauptet, dass meine Unterlagen zu spät da waren."

„Und dann?"

„Ging es weiter. Frühjahrsmesse. Das Gleiche. Diesmal per E-Mail. 500 Euro in bar. Zu deponieren in einem roten Briefumschlag im ICE nach Göttingen. In einem bestimmten Wagen im Papierkorb auf dem Behindertenklo. Und ich sollte sofort wieder aussteigen. Habe ich gemacht, den Stellplatz hab ich dann bekommen."

„Was denn für eine E-Mail-Adresse?" In Bernd Stengels Augen blitzte es hoffnungsvoll auf. „Hab ich noch hier, ging ja dann so weiter. 500 Euro hier, 500 Euro da. Moment, die E-Mail-Adresse lautet: philantrop@hotmail.com. Was immer das ist."

„Unser Kumpel ist ein Witzbold. Philanthrop heißt Menschenfreund. Und die E-Mail-Adresse bringt uns keinen Schritt weiter. Bei dem Provider muss man keine echten Daten hinterlegen. Und wenn der Bursche noch einen Anonymizer verwendet hat, kriegen wir auch die IP-Nummer nie raus. Wie viel haben Sie denn insgesamt gelöhnt?" Dankelmann kam aus dem Staunen nicht heraus.

„Schlappe 3.000 Euro. Aber Gewinn habe ich trotzdem reichlich gemacht."

„Und nie versucht, dem Ganzen nachzugehen? Nie mit dem Ordnungsamtsleiter gesprochen?"

„Das eine Mal, als ich mich beschwert habe, hat mir gereicht. Ich dachte, die stecken alle zusammen. Ich hab zwei Mal mit Hinweis auf die Beschwerde keinen Stellplatz bekommen. Da habe ich lieber gezahlt. Aber es traf immer mehr Kollegen. Jetzt muss man was unternehmen."

„Ach, eines noch." Anke Dankelmann hakte noch einmal nach. „War das denn immer derselbe Übergabepunkt?"

„Ja. Immer ICE nach Göttingen. Immer Behindertenklo. Immer roter Briefumschlag im Papierkorb."

„Tun Sie uns einen Gefallen: Sagen Sie uns vor der nächsten Geldübergabe Bescheid. Diese Nummer lassen wir jetzt platzen." Bernd Stengel schüttelte den Kopf. Hätte dieser Bursche schon früher mal geplaudert, hätten sie den Stellplatzerpresser längst dingfest gemacht.

*

Es war mal wieder so ein Donnerstag. Beinahe Wochenende und beinahe auch nicht und immer die gleiche Hetze: Um 20 Uhr stand Doppelkopf auf dem Programm, Anke Dankelmann freute sich jedes Mal diebisch auf die paar Stunden Kartenkloppen. Und dann passierte immer noch dieses und jenes, hier eine Ermittlung, dort eine Sitzung – und manchmal fiel Doppelkopf ins Wasser. Ihre Kumpels hatten sich daran gewöhnt. Herbert Thomsen, der schlampige Doko-Spieler vom Ordnungsamt, Peter Dietrich, der

Kampfsporttrainer von Judo Kai Asahi, Alf Mussmann, der Biolehrer vom WG: Sie waren froh, eine Frau in der Runde zu haben, zumal eine, die es wirklich drauf hatte. Beim Kartenspiel, im Job, als Freundin, eigentlich im ganzen Leben. Und irgendwie waren alle drei immer ein bisschen verguckt in sie gewesen. Oder immer noch. Egal.

Anke Dankelmann ahnte das. Und kokettierte mit dem Umstand, dass sie mit ihren drei Herren zur Donnerstagsattraktion bei Lohmann geworden war. Und fand es zum Kotzen, dass durch diesen Zisselmord der Termin schon wieder ins Wanken geriet. Und dafür sorgte dieser unsägliche CDU-Landtagsabgeordnete Yussuf Ben Said. Bernd Stengel hatte ihn zu einem Gespräch gebeten, angeblich gab es einen Zeugen, der ihn im Zeitkorridor, in dem die Tat stattgefunden hatte, in der Nähe des Tatorts gesehen hatte. Ben Said war in ihren Augen ein opportunistischer Nichtsnutz, der wahrscheinlich heimlich den Playboy las. Und der sollte nun auch noch geschützt werden, zumindest was das Verhör betraf. Die Öffentlichkeit sollte, weil es sich um einen Polit-Prominenten handelte, nichts davon mitbekommen. Also, am liebsten hätte sie ...

„Anke, lass uns mal zusammenstellen, was wir haben“, unterbrach Stengel ihre Gedanken.

„Bitte? Sorry, ich war grad ganz woanders“, schreckte sie auf und blickte ihren Kollegen irritiert an.

„Willkommen in der realen Welt der Nicht-Doppelkopfspieler, Ben Said kommt gleich und wir müssen uns noch abstimmen.“

„Hast Recht.“ Sie wühlte in den Unterlagen. „Der ist irgendwie ein unverdächtiger Verdächtiger, das Einzige, was gegen ihn spricht, ist doch die Tatsache, dass er im Rathaus überall Zugang hat. Er hätte theoretisch also auch das Messer in der Kantine klauen können. Ansonsten: Fehlanzeige. Motiv? Tatzeit? Querverbindungen in die Szene? Ich bin ein bisschen ratlos.“

„Ich auch“, sagte Stengel. „Wir dürfen auch nicht vergessen, dass der Mann Feinde hat. Aber es gibt noch was. Wahrscheinlich wurde Hill von einem Linkshänder erstochen. Sagt jedenfalls der Doc nach der Obduktion. Klassischer Verlauf des Stichkanals. Ben Said ist, soweit ich weiß, auch Linkshänder. Und rat mal, wer eben hier angerufen hat?“

„Ja super, ich habe gerade von einem dicken Damensolo heute Abend geträumt, wie soll ich da wissen, wer dich angerufen hat? Die Ernährungsberatung, damit du mal was gegen deine Twiggy-Figur unternimmst?“

„Immer schön sachlich bleiben, Frau Kollegin, lieber Twiggy als Dicki, und außerdem träumst du doch eher von einer Pikflöte und einem Bubensolo.“

„Woher nehmen der Herr die plötzliche Schlagfertigkeit und die Doppelkopfkenntnisse?“

„Rhetorikkurs für Anfänger an der VHS und Wikipedia. Sonst noch Fragen?“

„Ja. Wann kriege ich einen neuen Kollegen?“

„Ein Fall für die Telefonseelsorge. Jetzt aber zu unserem Fall hier, verflixt. Ein Mensch von der Zisselgilde, der am Tatabend völlig besoffen in der

Nähe des Karussells eingepennt ist, hat angerufen. Er ist nachts einsam aufgewacht, er musste pinkeln und hat Ben Said gesehen, wie er den Auedamm hinuntergerannt ist."

„Na super, der Kerl war noch breit wie ein Biberschwanz und will uns als Zeuge dienen. Sehr freundlich. Vielleicht sollten wir die ortsansässigen Karpfen nebenan im Küchengraben befragen, die könnten mindestens genauso wenig beitragen."

„Richtig. Aber wir müssen Ben Said ja nicht sagen, dass ein alkoholisierter Mensch ihn gesehen hat. Warten wir auf die Reaktion."

„Und welchen Part habe ich?"

„Du konfrontierst ihn mit einer Theorie. Frag ihn, warum er sich gern mit seiner Freundin in der Öffentlichkeit zeigt und er dennoch am Abend vor der Tat im Swingerclub in Bad Wildungen gesehen worden ist."

"Swingerclub? Ben Said? Woher weißt du das nun wieder?"

„Na, ich war halt auch da", sagte Stengel und grinste.

Anke Dankelmann guckte ihn mit einem Gesicht an, das schwer an einen ausrangierten Opel Blitz erinnerte. Stengel? Swingerclub? Falscher Film?

„Hehe, stopp, war ein Scherz. Unsere Kollegen haben wegen einer akuten Fahndung und eines Hinweises eine Personenkontrolle gemacht. Blieb bisher geheim – aber jetzt haben sie uns das weitergegeben. Vielleicht war Hill da oder wusste davon, und dadurch war Ben Said erpressbar, alles möglich."

Anke Dankelmann hätte nach diesem Gespräch gern einen Cognac gehabt, aber es klopfte, und mit hin-

und herirrenden Augen kam die selbsternannte Lichtgestalt der nordhessischen CDU herein.

*

Ben Said lehnte sich auf dem Stuhl im Polizeikommissariat zurück. Er versuchte, es sich bequem zu machen. Er hatte schon besser gesessen – aber auch schlechter. Da war er Student der Juristerei, und das war schon einige Zeit her.

„Meine Dame, mein Herr", sagte Ben Said zu den Kommissaren Anke Dankelmann und Bernd Stengel, „was kann ich für Sie tun? Ich weiß nämlich gar nicht, warum Sie mich zu dieser netten Plauderei eingeladen haben."

„Ob es nett wird, wird sich noch zeigen", giftete Anke Dankelmann. Sie konnte diesen Ben Said nicht leiden. Für sie war er nichts als ein junger Polit-Schnösel, der schnell Karriere machen wollte. Und dass er angeblich zum Islam übergetreten war, hielt Anke Dankelmann auch nur für einen PR-Gag.

„Mal sachte." Stengel warf seiner Kollegin einen strengen Blick zu. „Herr Said, es handelt sich um eine etwas delikate Angelegenheit. Wie Sie sicher wissen, sind wir zur Zeit mit dem Mord an dem Zissel-Schaustellergehilfen beschäftigt. Und es gibt eben Hinweise, die Sie damit in Zusammenhang bringen."

„Ich und Mord? Das müssen Sie mir schon näher erklären." Ben Said nestelte an der Innentasche seines Boss-Jacketts und holte ein versilbertes Zigarettenetui hervor. Dann steckte er sich eine Dunhill an.

Passt, dachte Anke Dankelmann. Fehlt nur noch, dass er mit goldenem Mundstück raucht. Laut sagte sie mit einem kleinen süffisanten Unterton in der Stimme: „Nun, man hat Sie in der Tatnacht in der Aue gesehen. Dort wurde auch das Opfer gefunden."

„Ich? In der Aue? Nachts? Wer will das denn gesehen haben?" Ganz so souverän war Ben Said nicht mehr.

Bernd Stengel fasste nach: „Es stimmt also. Was haben Sie da gemacht?"

„Gejoggt."

„Gejoggt? Um diese Zeit?"

„Nun, ich bin ein vielbeschäftigter Mann, wie Sie vielleicht wissen. Ich habe nicht um 16 Uhr Feierabend, wie so manche Beamte. Da muss ich eben auch zu ungewöhnlichen Zeiten etwas für meine Fitness tun."

Anke Dankelmann ging die Arroganz des Mannes auf die Nerven. „Und der Swingerclub, der ist wohl auch gut fürs körperliche Wohlbefinden", sagte sie.

Ben Said erschrak. „Swingerclub? Was für ein Swingerclub?"

„Das Mon Chéri in Bad Wildungen", sagte Bernd Stengel trocken. „Da sind Sie ausweislich der Einlasskontrollen Stammgast. Übrigens immer mit Ihrer sehr attraktiven Freundin. 90 - 60 - 90, so lauten dort die Schätzungen."

Ben Said wand sich wie ein Aal. „Ich gehe doch davon aus, dass unsere Unterredung unter uns bleibt?"

„Weiß man nie", versetzte Anke Dankelmann dem Mann einen rhetorischen Tiefschlag. „Auch bei der

Polizei haben die Wände manchmal Ohren. Aber wir werden unser Möglichstes tun."

„Ich vertraue Ihnen", sagte Ben Said und richtete sich auf. Man merkte, wie angespannt der Mann war. „Also, die ganze Sache ist etwas peinlich. Ich trete zwar mit einer Freundin öffentlich auf, und wir erzählen der Presse auch immer, dass wir heiraten wollen. Aber wissen Sie, in Wirklichkeit habe ich einen Freund."

„Einen Freund haben viele", sagte Bernd Stengel, der im Moment etwas auf dem Schlauch stand.

„Aber nicht solche", sagte Anke Dankelmann, die sofort begriffen hatte. „Mit anderen Worten: Sie sind homosexuell?"

„Ja", sagte Yussuf Ben Said.

„Was ist daran schlimm", schüttelte Bernd Stengel ungläubig den Kopf. „Der Wowereit in Berlin ist auch schwul und Bürgermeister."

„Das ist auch ein bunter Paradiesvogel in einer Millionenmetropole. Und bei den Sozis", sagte Ben Said. „Hier hätte ich als Schwuler in einer konservativen Partei wohl schwerlich was werden können. So war das jedenfalls, als ich meine Karriere begann. Und darum baute ich mir sozusagen ein offizielles Leben mit Freundin auf. Die machte mit, weil sie diesen ganzen Promi-Mist ganz prickelnd fand, und außerdem ist sie lesbisch."

„Aha", sagte Bernd Stengel. „Und wer ist Ihr Freund?"

„Muss ich das sagen?"

„Ja."

„Das ist der Ralf Franke. Staatssekretär im Innenministerium und bei der SPD. Aber um Gottes Willen – das darf niemand erfahren."

„Von uns nicht", sagte Bernd Stengel. „Und an diesem Abend in der Aue ..."

„Da haben wir uns getroffen", setzte Ben Said den Satz fort. „Wissen Sie, wir können hier nicht einfach so ins Hotel gehen. Und zu Hause gucken die Nachbarn auch schon, wenn ich dauernd Männerbesuch bekomme. Und dann noch von einem, den alle von den Sozis kennen. Oh Gott, ist mir das peinlich."

„Und der Swingerclub?"

Ben Said tupfte sich mit einem Taschentuch, in das die Initialen B.S. eingestickt waren, den Schweiß von der Stirn. „Die haben dort auch ein Angebot für Schwule und Lesben. Das ist mal eine Abwechslung."

„Gut, Herr Said, Sie können sich auf unsere Diskretion verlassen", sagte Bernd Stengel. „Sie werden aber sicher auch verstehen, dass wir Ihre Angaben überprüfen werden. Ich danke Ihnen für das Gespräch."

Ben Said stand auf. Der Stuhl war doch härter gewesen, als gedacht. Es kam ihm vor, als hätte er auf Nägeln gesessen.

„Übrigens, Herr Said, sind Sie eigentlich Rechts- oder Linkshänder?", meldete sich plötzlich Anke Dankelmann.

„Rechtshänder."

„Gut. Danke. Auf Wiedersehen."

Ben Said verließ das Kommissariat. Er lief schnell. Draußen regnete es. Scheiß Wetter, dachte der hoffnungsvolle Politiker. Scheiß Polizei.

*

Kurt Möller hatte es zu etwas gebracht. Zu einem Mercedes S-Klasse, zum Beispiel, signalrot mit Leder, Klima und dem teuersten Navi. Es sprach sogar mit ihm. Wenn er das wollte. Auf jeden Fall war das Navi sein ganzer Stolz. „Wenn du in Kassel in die Humboldtstraße zum Friseur willst", prahlte er vor seinen Schausteller-Kollegen, „dann sprichst du das einfach rein, und die Kiste sagt dir, wo es langgeht. Kaum zu glauben."

Kurt Möller war vielleicht nicht besonders gebildet, aber unglaublich clever. Bauernschlau, wäre wohl die richtige Bezeichnung. Und auch brutal, wenn es sein musste. Seine Interessen auf Deutschlands Kirmesplätzen wusste er schon durchzusetzen.

Vier Kinderkarussells hatte der Mann aus Rotenburg an der Fulda inzwischen und zwei Autoscooter. Bald würde er Besitzer des „Super-Horror-Loopings" sein. Des neuesten Nervenkitzels, den es gab. Da drehte es einem den Magen schon beim Zugucken um. Aber die Kids würden es lieben. Das Fahrgeschäft würde sich rechnen, auch wenn es eine Millioneninvestition war.

An jenem Tag hatte sich Kurt Möller die Hände gerieben - in Gedanken. Tatsächlich hatte er sie am Wurzelholzlenkrad seines Mercedes' gehabt, der die Nummer HEF-KK trug. KK stand für Karussell-Kurt. Das fand er nicht lächerlich. Wer bei den Schaustellern so einen Spitznamen hatte, war geadelt.

Ja, er hatte es zu etwas gebracht. Zu der prachtvollen Villa in Rotenburg, zu einer 20 Jahre jüngeren Frau, der er zum letzten Geburtstag einen neuen Busen spendiert hatte. Um genau zu sein, einen viel größeren. Kurt Möller lächelte zufrieden – und kam ein bisschen von der Landstraße ab.

Konzentrier dich, Kurt, hatte er zu sich selbst gesagt. Bei Ines bist du heute Abend noch früh genug.

Er hatte seine Gedanken zusammenhalten müssen. Er war mit diesem Mann vom Kasseler Ordnungsamt verabredet gewesen. Der war eigentlich nur ein kleines Licht, aber für die Schausteller ein ganz wichtiger Mann. Der konnte nämlich beeinflussen, wo wer sein Geschäft aufbauen durfte. Je besser der Platz, umso lauter klingelte die Kasse. Diese einfache Faustregel galt schon, seit es Rummelplätze irgendwo auf der Welt gab.

Kurt Möller wusste immer genau, wo er stehen wollte. Mittendrin, am besten in der Nähe einer Bierbude. Da könnten dann die Mamas beim Karussell stehen und auf den Nachwuchs aufpassen, und die Väter würden nicht schimpfen, dass es zu lange dauerte. Sie könnten nebenan ein paar Bier zischen.

Kurt Möller war sich ziemlich sicher gewesen, dass er den begehrten Platz bekommen würde. Es war ganz einfach – er zahlte dafür. Ja, der so korrekte Beamte vom Ordnungsamt war bestechlich.

Wenn ihm das jemand erzählt hätte – Kurt Möller hätte es nicht geglaubt. Aber als er letztes Mal ganz diskret 200 Euro in seinen Pass gelegt und bei der Anmeldung im Ordnungsamt seinen Platzwunsch geäußert hatte, bekam er sein Reisedokument zurück – aber ohne Geld. Und mit dem freundlichen Hinweis: „Selbstverständlich werden wir Ihren Wunsch berücksichtigen." So läuft also der Hase in Kassel, hatte Kurt Möller damals gedacht. Eine Hand wäscht die andere – das war schon immer sein liebstes Geschäftsprinzip.

*

Ein Scheißblatt. Ein richtiges Scheißblatt hatte sie auf der Hand. Zum x-ten Mal heute Abend. Es reichte zu gar nichts. Vier Neunen – eine zu wenig, um zu schmeißen. Für eine Trumpfabgabe einen Trumpf zuviel. Und was für Trümpfe: Zweimal die Karoneun, einen Herzbuben, eine Karodame, einen Karobuben. Und dann sagt Alf Mussmann eine Hochzeit an. Wahrscheinlich vollgesogen mit Trumpf bis zur Halskrause und Herbert Thomsen kam raus. Ein Fehlfarbenass gespielt, und er hatte sich an den Hochzeiter rangehängt.

Anke Dankelmann war die Lust am Doppelkopf vorerst vergangen. „Vanessa, mach mir bitte noch ein Bier“, rief sie der Bedienung zu.

Thomsen kam raus. Mit einer Karozehn. Trumpf? Und dann die Zehn? Hatte der sie nicht mehr alle? Nun gut, kurz mit der Karodame angebremst, Peter Dietrich warf einen König rein und der Hochzeiter übernahm mit der Herzdame. „Läuft ja super“, rief er fröhlich in die Runde, spielte eine Kreuzneun und Thomsen warf den König rein. Dass er ein schlechter Spieler war, wussten alle, aber heute ... Anke Dankelmann nahm ihr einziges Ass zur Hand und bediente. Dietrich kam mit dem Kreuzkönig, sie hatte den Stich und hatte sich an den Trumpfkönig des Spiels angehängt.

„Und einen Kurzen", rief sie freudig Vanessa hinterher.

So, jetzt ein bisschen Risiko, Kreuz nachgespielt, Dietrich kam mit der Zehn, Mussmann wird doch wohl - Scheiße, die Kreuzneun. Und Thomsen übernahm mit dem Ass. „Du kommst wohl von der Maurerinnung, wieso übernimmst du denn nicht den ersten Stich?" Sie schüttelte den Kopf.

Kurze Gespräche ernsteren Inhalts gab es auch, immer wenn einer pinkeln musste. Das konnte bei Mussmann schon länger dauern, gelegentlich traf er jemanden, mit dem er sich kurz unterhielt, die anderen waren das gewohnt.

„Was macht denn die Arbeit, Anke?", wollte Dietrich wissen.

„Fragst du jedes Mal, aber im Augenblick hängen Bernd und ich ganz schön durch."

„Warum? Kommt ihr im Zisselmord nicht weiter?"

„Genau. Gerade heute ist uns ein möglicher Verdächtiger durch die Lappen gegangen. Und jetzt fehlt uns beinahe jede Spur."

„Keine Augenzeugen, keine Fingerabdrücke, kein mögliches Tatmotiv?", fragte Thomsen.

Anke Dankelmann schüttelte den Kopf. „Da wird jemand beim größten Volksfest Nordhessens abgestochen und keiner merkt was. Der Typ wird noch nicht einmal vermisst. Wir sind ganz schön unter Druck, hoffentlich wird die Presse bald durch einen anderen Fall abgelenkt", meinte sie und nippte am Bier.

„Vielleicht ist es ja niemand aus seiner näheren Umgebung, vielleicht ist es ein Zufallsmord", schaltete sich der Lehrer wieder ins Gespräch ein und nahm die Karten. Er war dran mit Austeilen.

„Aber auch dann gibt es einen Täter. Und wir werden ihn finden, darauf trinken wir!" Anke Dankelmann hob ihr Glas, prostete in die Runde, die Gläser streckten sich ihr entgegen, und Thomsen stürzte sein abgestandenes Bier mit einem Zug runter. Was mit dem wieder los war? Stress mit der Frau und dem Kind? Er war eine arme Sau.

Komisches Spiel, komischer Abend.

Gegen null Uhr hatte die Truppe genug vom Doppelkopf, Anke Dankelmann genug Pils intus, Herbert Thomsen genug verloren, der Lehrer musste eh heim, er hatte freitags nullte Stunde, und Peter Dietrich hätte nach seiner Niederlagenserie gern seine Karatekünste am runden Holztisch ausgelassen. Schön war es trotzdem gewesen, fanden alle und trollten sich. Vor dem Eingang sammelten sich die Vier, verabschiedeten sich und gingen ihrer Wege.

Anke Dankelmann wohnte in der Humboldtstraße, nur fünf Minuten zu Fuß entfernt. „Macht's gut, ich muss doch noch mal schnell für kleine Mädchen", sagte sie und hopste noch einmal die Stufen in den Biergarten hinauf. Die anderen Drei machten sich auf den Heimweg. Als Anke Dankelmann wieder herauskam, waren sie verschwunden.

Sie marschierte an den Städtischen Werken vorbei, der Weg durch die Friedrichstraße wäre kürzer gewesen, doch sie mochte diese enge, dunkle Straße nicht und das Parkhaus schon gar nicht. Also ging sie durch die Ulmenstraße, sie knöpfte ihre Jacke zu, denn heute Nacht war es ziemlich kalt. Es war kaum jemand unterwegs. In einem dieser Patrizierhäuser hätte sie gern eine Wohnung gehabt, stadtnah und doch romantisch, mittendrin und doch weit weg. Leider unbezahlbar bei ihrem Gehalt, erst recht, wenn man abends noch gelegentlich mal einen Fuffi bei Lohmann ließ. Erst spät bemerkte sie die Gestalt, die vor ihr die Straße in Richtung Willi-Allee entlangging. Sah aus wie Herbert Thomsen, aber der wohnte doch ganz woanders ...

„Herbert, hast du dich verlaufen?", rief sie fröhlich. Der Mann drehte sich um.

„Ne, ich muss einfach ein paar Schritte – ach Quatsch, ich hab gehofft, dass du mich einholst."

„Nanu? Sorgen?"

„Sorgen? Ach, Anke." Herbert Thomsen wankte mit unsicherem Schritt die Ulmenstraße hinauf. „Natürlich habe ich Sorgen. Was macht man, wenn man ein behindertes Kind hat, ohne große Hoffnung auf Heilung, ohne große Hoffnung auf Besserung, wenn die Frau in Depressionen versinkt und man nicht genug Geld hat, um dem Liebsten, was man hat, und das ist Alicia für mich, alle denkbaren Therapien zu bezahlen? Ich müsste im Lotto gewinnen, ein paar Nutten auf die Straße schicken oder eine Bank ausrauben. Glaub mir, ich bin längst soweit, dass ich das machen würde. Neulich habe ich in der Straßenbahn eine Frau gesehen, deren Handtasche geöffnet war und oben lag das Portemonnaie. Anke, ich hab das Portemonnaie geklaut! Hab es aber wieder reingelegt.

Die Bahn war so voll, da hat keiner was gemerkt. Manchmal zwicke ich mich in den Arm und hoffe, dass alles nur ein böser Traum ist."

Er zupfte ein Taschentuch aus seiner Jeansjacke, beugte sich über einen Zaun und kotzte.

Oh Mann, dachte Anke Dankelmann. Der Typ ist fertig, kein Wunder, bei diesem privaten Schicksal.

Als Thomsen fertig war, wischte er sich den Mund ab, Tränen rannen über sein Gesicht.

„Das tut mir alles so leid, Herbert", flüsterte die Polizistin.

Thomsen nickte. „Mach's gut, es wird schon wieder."

Anke Dankelmann blickte ihm nach. Der Typ hatte heute mindestens sechs Bier getrunken, sonst hatte er nur Geld für zwei dabei. Was war bloß los mit diesem Menschen?

Als sie zehn Minuten später und mindestens drei Stunden zu spät ins Bett ging, dachte sie zurück an einen schönen Abend mit merkwürdigem Ausgang. Und die trüben Gedanken wurden verscheucht von trübsinnigen Gedanken. Die drei Jungs mussten nicht allein schlafen. Sie knipste das Licht aus. Das Gefühl der Einsamkeit raubte ihr den Schlaf. Oder träumte sie das nur?

*

Der Mann vom Ordnungsamt hatte sich im Düsseldorfer Hof an einen Ecktisch gesetzt. In der Kneipe war wie immer die Hölle los. Da ging man in der Masse unter. Nicht schlecht für ein Treffen, das man nicht an die große

Glocke hängen wollte. Hier verkehrte jeder und alles. Reiche Geschäftsleute, die im Porsche vorfuhren, kleine Sparkassenangestellte, Journalisten, Lehrer und Fußballfans. Der Wirt hatte sicher die am besten gehende Kasseler Kneipe. Das lag wohl nicht zuletzt daran, dass er immer und zu jedem freundlich war.

Dann hatte Kurt Möller vor dem Mann gestanden, mit dem er verabredet war. Möllers Haarkranz auf dem mächtigen Schädel war kurz geschoren, das Maßhemd konnte kaum den gewaltigen Bierbauch bändigen, und am behaarten Handgelenk funkelte eine goldene Rolex. Kurt Möller war keiner, der seinen Wohlstand irgendwie verbarg.

„Mann, ist hier was los", hatte er gesagt, „vielleicht sollte ich auch noch 'ne Kneipe aufmachen." Und laut hatte er in den Saal gerufen. „Zwei Bier. Und bitte die Speisekarte." Dann hatte er sich seinem Gesprächspartner zugewandt. „Na, und bei Ihnen, alles klar? Läuft alles?"

„Ja, schon", hatte der etwas zögerlich geantwortet. „Sollen wir vielleicht gleich auf das Geschäft zu sprechen kommen?"

„Ja, ja", hatte Kurt Möller abgewiegelt. „Erst trinken wir mal einen. Prost, auf eine gute Zusammenarbeit." Kurt Möller hatte ihm zugezwinkert. „Zum Wohl."

„Bringen Sie gleich mal zwei neue", hatte er der Bedienung zugebrüllt .„Und ein Rumpsteak mit Zwiebeln." Die Zeiten, als Kurt Möller zu Geschäftsbesprechungen „ahle Wurscht" gegessen hatte, waren lange vorbei.

„Nun, ich gehe doch davon aus, dass es bei der Herbstmesse wieder mit einem guten Platz klappt, oder? Der vom Zissel ist jedenfalls prima."

„Natürlich, Herr Möller, ich tue doch mein Möglichstes." Seine Stimme hatte sich etwas brüchig angehört. „Es ist

mir etwas unangenehm, aber leider muss ich Ihnen mitteilen, dass meine Aufwendungen, sagen wir mal so, etwas gestiegen sind. Sie verstehen?"

„Reden Sie nicht so einen gestelzten Scheiß daher", hatte Kurt Möller losgepoltert. „Sie wollen also mehr Geld?"

Er hatte nichts gesagt, nur genickt.

„Kein Problem." Kurt Möller hatte sich jovial gegeben. „Wir werden auf dem Zissel gut verdienen. Da wird doch was für uns alle drin sein, was? Wie viel wollen Sie denn?"

„500."

„Na, das ist doch ein angemessener Tarif." Kurt Möller hatte seine Geldbörse gezückt. Echtes Schlangenleder, hatte fast 1.000 Euro gekostet. Dann hatte er einen von vier 500er-Scheinen aus dem Luxusportemonnaie genestelt und die Note über den Tisch geschoben. „Hier. Es geht aber auch wirklich alles klar?"

„Sie können sich auf mich verlassen", hatte er gesagt und den Geldschein hastig in seine Hemdtasche gesteckt. „Es tut mir leid, Herr Möller, aber ich muss gehen. Ich habe noch andere Verpflichtungen."

„Wohl noch woanders kassieren, was? Na, hauen Sie ab. Wir sehen uns dann für den Weihnachtsmarkt."

Schnell hatte er den Düsseldorfer Hof verlassen. Kurt Möller hatte ihm nachgeblickt. Komischer Heiliger, hatte er gedacht. Wofür er wohl die Kohle braucht? Aber das sollte ihm egal sein. Er würde seinen Platz bekommen und die Kasse würde stimmen.

Kurt Möller hatte zufrieden gelächelt. Sein Steak war butterweich gewesen. Und zu Hause hatte Ines gewartet, mit dem neuen großen Busen. Ja, Kurt Möller war ein glücklicher Mann.

*

Alicia ging es mal wieder schlecht. Sie lag in ihrem Bett und wimmerte. Herbert Thomsen hörte seine Tochter rufen. „Mahmmmm“, vernahm er aus dem liebevoll eingerichteten Kinderzimmer. Mama, hieß das, aber das konnten eigentlich nur er und seine Frau Heike deuten. Für Außenstehende war das allenfalls ein gutturales Murmeln.

Alicia war schwerbehindert. Vor vier Jahren war es, als sie stolz ihr neues Fahrrad so richtig einweihen wollte. Natürlich ohne Mama und Papa, sie war ja schon ein großes Mädchen. Nur mit ihrer Freundin Theresa wollte sie fahren. Und ohne Sturzhelm.

Sie radelten los in der Menzelstraße, in der Alicia mit ihren Eltern wohnte, seit sie denken konnte. Die Mädchen fuhren so schnell, wie es ihre achtjährigen Beine hergaben. Nicht etwa in die nahe Karlsaue zum großen Spielplatz an der Landaustraße, nein, man schlug die Richtung zur Frankfurter Straße ein. Es hatte gerade Taschengeld gegeben, es war Sommer und die Eisdiele Venezia hatte natürlich offen. Dann passierte es. In der Frankfurter Straße waren die Autofahrer wie immer flott unterwegs. Da rechnete natürlich keiner damit, dass ein kleines Mädchen auf die vielbefahrene Straße mit einem Fahrrad schießt. Wie ein Blitz. Da hat man keine Chance, rechtzeitig zu bremsen.

Armin Schmidt hatte sie jedenfalls nicht in seinem C-Klasse-Mercedes. Er sah nur kurz das Kind auf seinem funkelnden, roten Rad von rechts kommen, dann krachte es auch schon. Eigentlich machte es nur „plopp". Erstaunlich, dachte Armin Schmidt, der noch Tage danach den Schock nicht verwunden hatte.

Der Notarzt kam schnell, aber letztlich doch zu spät. Alicia hatte schwere Kopfverletzungen. Sie überlebte, würde aber behindert bleiben, machten die Ärzte von vornherein keine Hoffnung. Aussichten auf Besserung? Achselzucken. Mit der herkömmlichen Medizin wohl kaum. Da musste schon ein Wunder helfen.

Alicia Thomsen rief noch einmal: „Mahmmm." Als Herbert Thomsen das pinkfarben gehaltene Kinderzimmer mit den vielen Märchenfiguren an der Wand und den Stofftieren auf den Regalen betrat, saß seine Frau schon an Alicias Bett. „Mein Gott", dachte Herbert Thomsen, „zwölf Jahre ist Alicia nun schon alt, andere Mädchen in diesem Alter haben an der Wand Bill und Tom hängen, die Zwillinge von Tokio Hotel." Alicia wusste nicht einmal, wer das war.

Was in seiner Frau vor sich ging, wusste auch niemand mehr genau. Am wenigsten Herbert Thomsen. Teilnahmslos saß Heike, die in ihren jungen Jahren so gerne gelacht hatte, oft stundenlang am Bett ihrer Tochter. Sie hielt Alicias Hand, fütterte sie, legte sie trocken. Ansonsten ging das Leben an ihr vorbei, seit ihre Tochter verunglückt war. Die heftigen Selbstvorwürfe - warum ließ ich sie ohne Aufsicht fahren, warum habe ich nicht darauf geachtet, dass sie einen Helm trug? - hatten schnell in tiefe Depressionen geführt. Für sie war die Lage klar. Es gab nur eine, die Schuld hatte an Alicias Unfall. Sie selbst, Heike Thomsen.

„Heike, ich glaube, Alicia ist nass", sagte Herbert Thomsen mit leiser, aber nachdrücklicher Stimme.

„Ach ja", erwiderte seine Frau und ihre Augen schauten ihren Mann an, als ob sie nach einem langen Tauchgang an die Oberfläche zurückkehrte. Sie brauchte einige Sekunden, um sich zu sammeln. „Ja, bleib du bei ihr, ich hole neue Sachen."

Herbert Thomsen nahm die Hand seiner Tochter. „Pahhhhh", sagte sie, was soviel wie Papa heißen sollte. Herbert Thomsen lächelte und streichelte über den blonden Haarschopf seiner Tochter. Alicia hustete. Einer jener epileptischen Anfälle bahnte sich an, die sie minutenlang durchschütteln würden. Das war nur schwer zu ertragen.

Als eine Stunde später schließlich Ruhe eingekehrt war, Alicia endlich schlief, machte Herbert Thomsen sich ein Bier auf. Seine Frau saß am Wohnzimmerfenster. Wie paralysiert, ohne jede Regung, schaute sie auf die alten Kastanien in der Karlsaue, die mehr und mehr von der Abenddämmerung verschluckt wurden.

Herbert Thomsen machte den Fernseher an. Günther Jauch wollte wissen, wer am längsten deutscher Bundestrainer war. Jürgen Klinsmann, Sepp Herberger, Helmut Schön oder Erich Ribbeck. Von letzterem hatte Herbert Thomsen noch nie etwas gehört. Aber für Fußball interessierte sich der 44-Jährige sowieso nicht. Herbert Thomsen interessierte sich nur für seine Tochter. Und der musste es endlich besser gehen.

In der HNA hatte Herbert Thomsen von einer Delfintherapie gelesen. Da wurde das Beispiel eines

Jungen aus Bocholt geschildert. Dominik hieß er, und er litt unter einer Stoffwechselkrankheit im Gehirn. Der Junge konnte seinen Kopf nicht mehr halten, kaum etwas essen und hatte schwere epileptische Anfälle. Fast wie Alicia, hatte Herbert Thomsen beim Lesen gedacht.

Die Eltern von Dominik waren dann zum „Dolphin Human Therapy Center" nach Key Largo in Florida geflogen. Dort, in den USA, war man spezialisiert auf etwas, was mit der klassischen Schulmedizin kaum zu erklären war: Der Kontakt mit den Delfinen half behinderten Menschen. Dominik schwamm mit den Tieren, ließ sich von den Delfinen berühren, machte mit ihnen sogar kleine Kunststücke. Es half. Dominik ging es seitdem so gut wie nie, berichtete seine Mutter. Er konnte wieder Arme und Beine bewegen, die Verkrampfungen hatten sich gelöst. Es war fast ein Wunder.

Herbert Thomsen war sich sicher: Diese Delfintherapie würde auch Alicia helfen. Die ganze Sache hatte nur einen Haken. Die Therapie war sehr teuer. 20.000 Mark hatte das Ehepaar aus Bocholt vor Jahren gezahlt, heute würden wohl locker 15.000 Euro zusammenkommen. Soviel Geld hatte er als Beamter im Ordnungsamt nicht gespart. Alles ging fürs tägliche Leben drauf. Und viele der teuren Medikamente, die Alicia brauchte, wurden von der Krankenkasse nicht bezahlt. Seit dem Unfall konnte auch seine Frau nichts mehr dazuverdienen. Ihren Halbtagsjob bei den Städtischen Werken hatte Herbert Thomsen damals besorgt. Schließlich war er nicht nur städtischer Bediensteter, sondern auch SPD-Mitglied und hatte jede Menge guter Kontakte. Den Job hatte Heike Thomsen vor einiger Zeit aufgeben müssen. Wegen der Betreuung ihres behinderten Kindes, wegen ihrer Depressionen.

Das Geld war also der Knackpunkt. Aber nicht mehr lange, lächelte Herbert Thomsen in sich hinein und trank einen kleinen Schluck Bier. Nein, bald würde genug da sein. Er hatte eine Geldquelle entdeckt, die reichlich sprudelte. Nicht mehr lange, und er würde mit seiner Alicia nach Florida fliegen. Zu den heilenden Delfinen. Mit genügend Geld und viel Hoffnung im Gepäck.

*

Anke Dankelmann war es endlich gelungen, Peter Seeger zu erreichen.

„Was soll ich denn bei der Polizei?“, hatte er am Telefon gefragt.

„Es geht um den Zisselmord“, hatte sie einfach gesagt. Und aufgelegt.

Natürlich hatte sie sich über Peter Seeger erkundigt. 35 Jahre alt war der Mann, offenbar glücklich verheiratet, ein Kind. Keinerlei Vorstrafen. Gekocht hatte er vorher in der Pfeffermühle im Hotel Gude. Und das war, wusste Anke Dankelmann aus eigener Erfahrung, eine in Kassel kaum zu übertreffende Empfehlung.

Nun saß Peter Seeger vor ihr. Ein gutaussehender, schlanker Mann. Komisch, dass man immer meint,

Köche müssten dick sein, dachte Anke Dankelmann. Das kam wohl noch aus Zeiten, als die Saucen vorwiegend mit Mehl gemacht wurden. Nein, Peter Seeger war sozusagen die Verkörperung einer neuen, leichten Kochkunst. Einer, die zudem noch schmeckte. Das hatte sie von Leuten aus dem Rathaus gehört, die nicht nur den freundlichen Peter Seeger, sondern auch seine Küche schätzten.

„Ja, Herr Seeger, es geht wie gesagt um den Zisselmord, da haben wir, oder besser gesagt Sie, ein kleines Problem“, sagte Anke Dankelmann und sah in die blauen Augen ihres Gegenübers. Ein hübscher Bursche, dachte die ledige Kommissarin. Schade, dass so etwas immer schon weg ist.

Peter Seeger reagierte mehr neugierig als betroffen. „Ich verstehe nicht ganz.“

„Nun, ich will nicht lange um den heißen Brei reden. Das Opfer wurde erstochen. Mit einem Profimesser, wie es Köche verwenden. Und auf dem Messer ist der Name Peter Seeger eingraviert. Nun sind Sie dran.“ Anke Dankelmann lehnte sich zurück.

„Scheiße, das kann doch nicht wahr sein.“ Peter Seeger war mit einem Mal doch betroffen. Er rutschte auf dem Stuhl nach vorn. „Ich glaube, ich habe wirklich ein Problem. Eines meiner Messer fehlt tatsächlich.“

„Ach“, sagte Anke Dankelmann trocken.

„Ja, wirklich. Ich kann es nicht mehr finden. Es war eines, das ich zum Tranchieren benutzt habe.“

„Ist es vielleicht das hier?“ Anke Dankelmann griff in ihre Schreibtischschublade und holte ein in Plastik verpacktes, silbern glänzendes Messer hervor.

„Ja, das ist es.“

„Nun, Herr Seeger, dann sagen Sie mir doch mal, was Sie in der ersten Zisselnacht so gemacht haben?“

„Da muss ich überlegen. Am ersten Zisselabend? Ich bin spät nach Hause gekommen. Wir hatten in der Küche noch viel zu tun. Unser Sohn war bei der Oma, weil meine Frau an dem Abend mit ihren Freundinnen verabredet war. Sie waren auf dem Zissel, mal ohne Männer feiern.“ Plötzlich wurde Peter Seeger bewusst, in welcher Situation er steckte. „Scheiße, ich habe wohl kein gutes Alibi, was?“, fragte er. Ihm war mulmig.

„Um ehrlich zu sein, Sie haben gar keines“, sagte Anke Dankelmann. „Aber nun geraten Sie mal nicht gleich in Panik“, setzte sie hinzu. Der smarte Koch war ihr sympathisch. „Wo kann denn das Messer verloren gegangen sein. Wer kann es genommen haben?“

„Wenn ich das nur wüsste“, sagte Peter Seeger. „Ich habe schon überlegt, aber es fällt mir einfach nicht ein.“

„Wer hatte denn normalerweise noch Zugang zu dem Messer?“

„Viele“, sagte Peter Seeger. „In so einer Küche ist immer was los, wissen Sie. Und ich habe die Messer beim Kochen ja nicht unter Verschluss. Das könnte ein Lehrling eingesteckt haben, ein anderer Koch, die Putzhilfen, die Bedienungen, Lieferanten. Es kommen viele Menschen in die Küche.“

„Okay, Herr Seeger, da ist aber noch etwas“, sagte Anke Dankelmann. „Sie waren verschwunden. Gleich mehrere Tage. Wo waren Sie?“

Peter Seeger versuchte, ein gewinnendes Lächeln aufzusetzen. „Sie werden es kaum glauben, aber Köche sind Künstler. Ich jedenfalls brauche zwischendurch mal eine Auszeit, eine schöpferische Pause, sozusagen. Eine neue Inspiration."

Die Sympathiepunkte Seegers bei Anke Dankelmann sanken rapide – ungefähr in dem Tempo, mit dem die Titanic Richtung Atlantikboden gerauscht war. Künstler, Inspiration – hallo? Der Mann kochte in der Kasseler Rathauskantine!

„Wo waren Sie also?", fragte Anke Dankelmann mit Nachdruck.

„Bei dem Johann Lafer, in seinem Burghotel. Da habe ich gewohnt und gegessen. Unbeschreiblich gut, übrigens. Der Mann ist am Herd ein Genie."

Natürlich wusste sie, wer Johann Lafer war. Schließlich guckte sie auch gerne diese Kerner-Kochshow im ZDF. Trotzdem fragte sie ziemlich verdutzt: „Lafer, dieser Fernsehkoch. Bei dem waren Sie?"

„Genau". In der Stimme von Peter Seeger schwang ein kleiner Triumph mit. „Ich mache diese kleinen Trips von Zeit zu Zeit. Meine Frau weiß auch nicht, wo ich dann bin. Sie toleriert das. Es geht ja schließlich um meinen Job."

„Verstehe", sagte Anke Dankelmann. „Aber das ist doch sicher wahnsinnig teuer."

„Klar, das geht schon ins Geld." Peter Seeger grinste. „Da muss man eben sparen. Sollten Sie sich auch mal gönnen."

„Kann ich mir nicht leisten", sagte Anke Dankelmann. „Sie überschätzen wohl, was eine Kommissarin wie ich verdient. Aber gut, Herr Seeger. Das war's erst einmal. Wir werden Ihre Angaben natürlich überprüfen."

„Ich bin also verdächtig?", fragte Peter Seeger.

„Ja", sagte die Kommissarin, aber sie glaubte nicht, dass Peter Seeger ein Mörder war. Ja, sein Name stand auf der Tatwaffe. Aber das war auch schon alles. Keine Fingerabdrücke, kein Motiv. Die Kollegen hatten schon nachgeprüft, dass Peter Seeger in geordneten Verhältnissen lebte. Eine Verbindung zur Schaustellerszene gab es offensichtlich nicht.

Als Seeger gegangen war, spürte Anke Dankelmann ein leichtes Ziehen in der Magengegend. Sterneköche, Künstler, Inspiration – das ging ihr durch den Kopf. In ihrem Kühlschrank zu Hause sah es ziemlich trostlos aus. Zwei Packungen Gouda, ein bisschen Rhönsalami. Vier Flaschen Pils und ein Pinot Grigio, den es bei tegut im Sonderangebot gegeben hatte. Bei den drei weitgehend fettarmen Joghurts war höchstwahrscheinlich das Haltbarkeitsdatum abgelaufen. Ich muss dringend einkaufen, dachte Anke Dankelmann und das Ziehen in der Magengegend wurde stärker. Vielleicht mal Lachs oder eine Wildschweinpastete. Was der Lafer wohl dazu sagen würde?

*

Herbert Thomsen saß in seinem Büro und bereitete die Herbstmesse vor. Plötzlich ging die Tür auf. Sein Chef Frischeisen platzte ins Büro. „Thomsen, ich muss dringend mit Ihnen reden. Es geht um die Vergabe der Schaustellerplätze. Wir sollen einen korrupten Kollegen im Amt haben. Das kann doch nicht wahr sein, oder? Also, bis gleich in meinem Büro."

Frischeisen knallte die Tür zu. Eine Besprechung zur Korruption im Rathaus. Ausgerechnet. Durchatmen, sagte Herbert Thomsen zu sich selbst. Ruhig bleiben. Er stand auf und folgte seinem Chef.

Wilfried Frischeisen hatte wieder dieses rosa Hemd an. Es war wie immer verschwitzt. Warum schwitzt der so, dachte Herbert Thomsen. Sollte mehr Sport machen. Oder weniger essen. Ein paar Bier weglassen. Einfach gesünder leben. So schweiften seine Gedanken ab. Das sollte er sich jetzt nicht erlauben. Reiß dich zusammen, Herbert!, sagte er zu sich selbst.

Frischeisen wirkte gar nicht frisch. Er wischte sich mit einem Taschentuch, das vielleicht vor drei Wochen einmal weiß gewesen war, die Schweißperlen von der Stirn. „Ganz unangenehme Sache, Thomsen, was?", sagte er und lehnte sich an seinem wie immer unaufgeräumten Schreibtisch nach vorn. „Korruption. In unserem Amt. Das kann doch nicht wahr sein."

„Kann ich mir auch nicht vorstellen." Herbert Thomsen war einsilbig. Nur nicht zu viel sagen. Wer viel redet, sagt auch viel Falsches.

„Ich mir ja auch nicht", seufzte Frischeisen. „Aber unser lieber Herr Oberbürgermeister, dieses arrogante Arschloch, will eine Erklärung haben." Wilfried Frischeisen redete sich in Rage. „Das ist doch unglaublich. Anonyme Hinweise, und wir sollen hier was aufklären. Die Herren Politiker sollen lieber mal den Dreck vor ihrer eigenen Haustür wegkehren. Da haben sie genug zu tun."

Herbert Thomsen sagte nichts.

„Mein Gott, Thomsen, nun sagen Sie doch mal was. Also, Fakt ist, jemand bei uns soll sich von den Schaustellern schmieren lassen. Wird jedenfalls im Rathaus erzählt. Wenn das stimmt und rauskommt, dann rollen Köpfe. Meint jedenfalls der OB. Damit er seinen retten kann. Eine verfluchte Scheiße ist das. Also, Thomsen, Sie sind doch für die Schausteller zuständig. Kann da was dran sein an der Geschichte?“

„Kann ich mir wirklich nicht vorstellen, Herr Frischeisen“, sagte Thomsen und brach ab.

„Mann, Thomsen, nun lassen Sie sich doch nicht jeden Satz aus der Nase ziehen. Lassen Sie Ihre Fantasie schweifen. Spielen wir mal alles durch – wer könnte die Hand aufhalten?“

Herbert Thomsen fiel etwas ein: „Da bin zuerst ich“, sagte er. „Ich sitze ja sozusagen an der Quelle.“

„Sie?“, brummte Frischeisen. „Machen Sie sich nicht lächerlich. Wenn es einen korrekten Beamten gibt, dann sind Sie es. Treusorgender Familienvater obendrein, wie ich weiß. Übrigens, wie geht es denn zu Hause?“

„Nicht so gut. Bisher keine Besserung bei Alicia“, sagte Herbert Thomsen leise.

„Na, Kopf hoch, wird schon“, sagte Wilfried Frischeisen. „Also, was ist denn mit diesem Kochinke. Der lebt doch über seine Verhältnisse. Hat beim Motor-Yacht-Club ein Boot liegen und ist im Förderkreis der Zisselgilde, hat also auch Kontakt zu Schaustellern. Was meinen Sie, Thomsen?“

„Nein, glaub ich nicht. Kochinke ist ein zuverlässiger Kollege. Und das mit dem Motorboot ist auch nicht so teuer, wie viele glauben. Außerdem hat er eine gut verdienende Frau. Die ist Chefsekretärin bei Wintershall."

„Wenn Sie meinen. Aber ein anderer fällt mir auch nicht ein." Wilfried Frischeisen schwitzte noch mehr. Sein rosa Hemd war inzwischen fast dunkelrot.

„Mir auch nicht", sagte Herbert Thomsen.

„Na, dann werde ich unserem Freund, dem OB, mal mitteilen, dass intensive Nachforschungen in unserem Haus zu keinem Ergebnis geführt haben. Hoffen wir, dass dann Ruhe ist und die Sache im Sand verläuft. Also, Thomsen, danke und an die Arbeit. Und viele Grüße nach Hause."

Herbert Thomsen stand auf. „Danke, Herr Frischeisen." Er verzichtete darauf, seinem Chef die Hand zu schütteln. Herbert Thomsens Hände waren nass. Fast so nass wie Frischeisens Hemd.

*

Anke Dankelmann grübelte. Das ging an diesem Morgen ganz gut. Bernd Stengel hatte sich freigenommen. „Muss dringend trainieren", hatte er gesagt. Für irgend so einen Marathon, daran konnte sich Anke Dankelmann noch erinnern. Wo der stattfinden sollte, hatte sie schon wieder vergessen. Berlin? Frankfurt? Egal. Anke Dankelmann hatte einfach nicht mehr zugehört, als ihr Kollege, dieser asketische Marathon-Mann, von den Vorzügen der Extrembelastung schwärmte. Von den Glücksgefühlen, die freigesetzt würden, von den eigenen Grenzen, die man neu stecken müsse. Stengel hatte vor nichts zurückgeschreckt. Ja, ein gesunder Geist könne nur in einem gesunden Körper stecken, hatte er sogar getönt. Sie hielt das alles für Quatsch. 40 Kilometer durch die Landschaft rennen, das konnte einfach nicht gesund sein. Dafür, fand Anke Dankelmann, ist der Mensch nicht gemacht. Und schießlich waren ja vor geraumer Zeit Autos erfunden worden. Einmal in der Woche ins Fitness-Studio. Das musste reichen.

Anke Dankelmann grübelte also. Das ging auch deshalb gut, weil sie am Vorabend nur ein Bier getrunken hatte. Nicht aus Überzeugung, sondern aus Gewichtsgründen.

Düdelüd. Düdelüd. Das Klingeln des Telefons riss die Kommissarin aus ihren Gedanken.

„Dankelmann."

„Seeger hier". Die Stimme am anderen Ende der Leitung klang entspannt. „Frau Dankelmann, ich habe die ganze Zeit angestrengt nachgedacht, und jetzt glaube ich zu wissen, wo ich das Messer gelassen habe."

Anke Dankelmann war gespannt. Sie umklammerte den Telefonhörer ein wenig fester und rutschte auf ihrem harten Bürostuhl nach vorn. „Schießen Sie los."

„Also, ich muss das Messer auf einer Feier bei meinem Freund Herbert Thomsen vergessen haben. Der ist Abteilungsleiter im Ordnungsamt und hat vor kurzem seinen Geburtstag gefeiert. Der kennt ja Hinz und Kunz, von seinem Job her und durch die Partei. War auch viel lokale Prominenz da. Und damit alles auch klappt, sollte ich ein Spanferkel kunstgerecht auseinandernehmen. Klar habe ich das für ihn gemacht. Danach ist ziemlich viel getrunken worden. Ich war blau, und der Herbert, glaub ich, auch. Hat wohl seine Sorgen im Schnaps ertränkt. Die Thomsens haben eine behinderte Tochter. Das belastet sie ziemlich."

Anke Dankelmann sagte nichts. Sie hatte an der Feier nicht teilnehmen können. Sie war wieder mal verhindert. Dienstlich. Eine Frau war mit einem Strick um den Hals auf einem Dachboden in der Holländischen Straße gefunden worden. Die Sache hatte sich aber als Selbstmord herausgestellt. Der Mann war abgehauen, der Sohn auf die schiefe Bahn geraten, die Schulden hatten sich hoch bis zum Herkules getürmt. Die Frau wusste wohl keinen anderen Ausweg mehr.

Peter Seeger erzählte weiter: „Ich war also besoffen, und ich glaube, ich habe einfach das Messer bei Herbert liegen gelassen. Komisch ist nur, dass er sagt, er habe es nach der Fete nicht gefunden. Na ja, vielleicht habe ich es ja auch auf dem Nachhauseweg verloren. In meinem Zustand hätte ich das wohl nicht bemerkt."

„Wer war denn noch so auf der Fete?", fragte Anke Dankelmann.

„Wie gesagt, einige Prominenz. Der Oberbürgermeister war da, und auch Herberts Vorgesetzter, dieser Frischeisen. Der ist ja nie zu übersehen. Verschwitztes rosa Hemd, wie immer, und dazu eine lindgrüne Cordhose. Grauenhaft. Ach ja, und dann war da noch der Landrat Fritz Risstaler. Der hatte sich ziemlich die Kante gegeben. Hat wohl Sorgen im Amt. Sie wissen schon, diese Landräte-Affäre. Stand ja in der Zeitung. Der Risstaler hat sich also besoffen und auf alles und jeden geschimpft. Auf die Presse, die ihn fertigmachen will, auf seine Genossen, die ihn nicht unterstützen, und auf seine Frau, die unbedingt dabei sein wollte bei dieser Romreise."

„Ja", sagte Anke Dankelmann. „Ich habe von dieser Affäre gehört." In Wirklichkeit hatte sich Anke Dankelmann, die sich politisch eher den fundamentalistischen Grünen nahe fühlte, fürchterlich aufgeregt. Sie als kleine Beamtin durfte sich dienstlich noch nicht mal einen Kaffee spendieren lassen und die Herren Politiker machten große Reisen auf Kosten irgendwelcher Unternehmen. Ja, dachte Anke Dankelmann, die wahren Gangster haben weiße Kragen. Über diesen Gedanken musste sie schmunzeln. Mädchen, Mädchen, sagte sie zu sich selbst, das ist aber ein ganz tiefer Griff in die Klischeekiste. Oder doch nicht?

„Gut, Herr Seeger", sagte Anke Dankelmann ins Telefon. „Ich danke Ihnen für den Anruf. Wir gehen der Sache nach. Auf Wiedersehen."

„Auf Wiedersehen." Peter Seegers Stimme klang ruhig und fest. Konnte sie auch, dachte Anke Dankelmann. Nein, der Mann hatte mit dem Mord nichts zu tun. Davon war sie jetzt hundertprozentig überzeugt.

Anke Dankelmann sah aus dem Fenster ihres Büros im teilweise umfunktionierten Regierungspräsidium. Sie blickte über die Fulda nach Waldau und weiter Richtung Niedersachsen. Irgendwo da draußen rannte sich gerade Kollege Stengel die Lunge aus dem Leib. Anke Dankelmann hatte dagegen Hunger. In der

Kantine gab es Spaghetti Bolognese. Ganz sportlich würde sie heute auf den Parmesankäse verzichten.

*

Den ganzen Tag hatte Thomas Hill geschuftet. Zisselvorbereitung, Aufbau des Kinderkarussells. Sein Chef hatte sich den ganzen Tag nicht sehen lassen. Typisch. Vergnügte sich wohl mit seiner neuen Ehefrau. Ein heißes Gerät, dachte Thomas Hill. Aber sie war sicher nur auf das Geld des Alten scharf.

Thomas Hill hatte gefunden, dass er sich nach dem harten Arbeitstag ein paar Bier verdient hatte. Es war schönes Wetter gewesen, und er wollte vorher noch ein paar Schritte entlang der Fulda machen. Plötzlich hatte es neben ihm gehupt.

„Mensch, Thomas, was machst du denn hier?" Es war sein alter Kumpel Jochen mit seinem klapprigen Polo gewesen.

„Ich wollte eigentlich ein Bierchen trinken gehen", hatte Thomas Hill gesagt.

„Gute Idee", hatte Jochen erwidert. „Ich komme mit. Steig ein, wir fahren in den Düsseldorfer Hof. Da schmeckt das Bier am besten und da ist immer was los."

Im „Düss" war es voll wie immer. Thomas Hill hatte mit seinem Freund noch ein Plätzchen am Tresen vor dem neuen Wintergarten gefunden. Sie waren gerade beim zweiten Bier gewesen, als Thomas Hill gestutzt hatte: Da hinten kam doch wirklich sein Chef, der dicke Kurt Möller. Was der hier wohl wollte?

Kurt Möller hatte seinen Angestellten nicht wahrgenommen. Er war schnurstracks nach hinten gesteuert, an einen Tisch. Dort hatte ein Mann gesessen, den Thomas Hill auch kannte. Das war dieser Beamte vom Ordnungsamt, der für die Schausteller zuständig war. Was die beiden wohl zu besprechen hatten, hatte sich Thomas Hill gefragt.

Thomas Hill war neugierig geworden. Er hatte sich hinter zwei anderen Gästen postiert und die beiden Männer am Tisch beobachtet. Was war das? Jawohl, er hatte richtig gesehen. Sein Chef hatte seine Geldbörse gezückt und dem Mann vom Ordnungsamt einen dicken Schein zugeschoben. Der hatte den 500er hastig und fast verschämt in sein Hemd gestopft und dann fluchtartig das Lokal verlassen.

Thomas Hill war nicht dumm. Er wusste, was er gesehen hatte. Der Mann vom Ordnungsamt ließ sich bestechen. Mit nicht gerade wenig Geld. So einfach war es, zu etwas zu kommen, hatte er gedacht. Und ich? Ich schufte mich ab und komme auf keinen grünen Zweig. Das würde sich ändern, hatte sich Thomas Hill geschworen. Er war lange genug zu kurz gekommen. Er wollte was abhaben vom großen Kuchen. Bald würde auch er ein dickes Bankkonto haben.

Thomas Hill war zurück zu seinem Freund Jochen gegangen. „Wo warst du denn so lange?"

„Nur pinkeln", hatte Thomas Hill gesagt. „Noch zwei Bier."

Komisch, hatte Jochen gedacht und seinen Freund angesehen. Warum guckt der auf einmal so zufrieden?

*

Ralf Franke war ebenso gutaussehend wie erfolgreich. Als Staatssekretär im Innenministerium konnte er an so manchem Rädchen drehen. Und auch der Rückhalt in seiner Partei, der SPD, stimmte. Er stammte aus Kassel. Da war man sich bei den Sozis sicher, keinen linken Spinner an einen Schalthebel der Macht nach Berlin geschickt zu haben.

Ralf Franke war 39 Jahre alt, und seine Schläfen begannen, langsam grau zu werden. Das ließ ihn in den Augen der ungezählten Sekretärinnen im Regierungsviertel nur noch begehrenswerter erscheinen. Er galt als die Nummer eins unter den Junggesellen auf dem Berliner Politparkett. Dass kein weibliches Wesen jemals eine Chance bei ihm haben würde, ahnte niemand.

Ralf Franke war schwul. Und verliebt. In Ben Said. Die Männer hatten sich auf einer Party kennengelernt, die der Club ehemaliger Kasseler in Berlin veranstaltet hatte. Es hatte zwischen Ralf Franke und Ben Said sofort gefunkt. Seitdem waren sie ein Paar. Es war eine Liebe auf Distanz. Mal traf man sich in Kassel, mal in Berlin. Gerade so, wie es Zeit und Termine erlaubten.

Das Wichtigste in ihrer Beziehung war Diskretion. Beide waren bekannt, und sie waren in unterschiedlichen Parteien. Sich als Liebespaar zu outen, hätte Risiken mit sich gebracht. Die wollte keiner von beiden eingehen. Da waren sie zu sehr Karrieremenschen. Nein, Schlagzeilen in der Boulevardpresse wie „CDU-Funktionär liebt SPD-Spitzenpolitiker" konnten sie nicht gebrauchen.

Ja, Diskretion. Deswegen stand Ralf Franke jetzt auch vor dem Raubtiergehege im Berliner Zoo. Inkognito, sozusagen. Und wartete auf eine Kasseler Kommissarin namens Anke Dankelmann. Die wollte von ihm etwas wissen über Ben Said. Hoffentlich geht das gut, dachte Ralf Franke und begann, leicht zu schwitzen.

Es war 12 Uhr, und er sah eine durchaus attraktive Frau auf ihn zueilen. Ein paar Pfunde zuviel hatte sie vielleicht auf den Rippen, aber das machte nichts. Sie war hübsch, fand Ralf Franke. Er als Schwuler konnte das durchaus objektiv beurteilen. Und die meisten Männer sollen es ja durchaus mögen, wenn sie etwas in der Hand haben.

„Herr Franke? Mein Name ist Dankelmann, ich bin die Kommissarin aus Kassel. Wir waren verabredet."

„Ja", sagte Ralf Franke. Die Frau machte keinen unsympathischen Eindruck. Es würde gutgehen.

„Ich möchte ganz offen zu Ihnen sein", sagte Anke Dankelmann. „Sie können sich auf meine Diskretion verlassen."

„Gut", sagte Ralf Franke. „Schießen Sie los. Wir sind sicher beide froh, wenn wir es hinter uns haben."

„Okay. Wir ermitteln in einem Mordfall, in den auch Ben Said durch Zeugenaussagen hineingeraten ist. Es geht darum, diese Aussagen zu überprüfen. Also, konkret: Haben Sie ein Verhältnis mit Ben Said?"

„Ja."

„Treffen Sie sich regelmäßig mit ihm?"

„Ja."

„Sie kennen als Kasseler ja den Zissel. Waren Sie beim letzten Fest in Kassel?"

„Ja."

„Haben Sie sich da mit Ben Said getroffen?"

„Ja."

„Wann genau?"

„Das war gleich am ersten Zissel-Abend. Da haben wir abends noch einen kleinen Spaziergang in die Aue gemacht. Falls Sie wissen, was ich meine."

„Das kann ich mir vorstellen." Anke Dankelmann war über die Offenheit des Staatssekretärs erstaunt. „Ich danke Ihnen für Ihre Auskünfte. Ich kann Ihnen versichern, dass niemand von unserem Gespräch erfahren wird."

„Das hatte ich gehofft." Ralf Franke war erleichtert. „Ist die Sache damit erledigt?"

„Ja, die Sache ist erledigt", sagte Anke Dankelmann. Ben Said war kein Mörder. Er hatte ein Alibi. Er schied als Täter aus.

*

Die Tagesthemen waren zu Ende gewesen. Draußen, wenige 100 Meter von seiner Wohnung entfernt, tobte das Leben. Thomsen hatte die Lärmkulisse selbst in seinem Wohnzimmer hören können. Kirmesmusik, die je nach Wind mal leiser, mal lauter herüberschallte.

Im Kinderzimmer der Thomsens war es Gott sei Dank ruhig gewesen. Alicia hatte tief und fest geschlafen. Diese friedlichen Stunden, hatte Herbert Thomsen gedacht, konnte man mittlerweile auch an einer Hand abzählen.

Seine Frau hatte noch irgendetwas in der Küche gewerkelt. „Herbert", hatte sie leise gerufen, „hier liegt noch immer das Messer von deinem Freund Seeger. Das musst du ihm endlich mal wiedergeben."

„Ja, ja." Herbert Thomsen reagierte unwirsch. Denn das Messer aus der Rathauskantine hatte ihn an seine Arbeit erinnert. Und da hatte es Ärger gegeben, massiven Ärger. Er wurde erpresst von so einem miesen kleinen Schaustellergehilfen. Hill hieß der, Thomas Hill. Das wusste er. Schließlich kannte er sich aus bei den Schaustellern, und dieser Hill arbeitete schon seit drei Jahren am Kinderkarussell.

„Ding Dong." Plötzlich hatte die Türklingel die Stille in der Wohnung zerrissen.

„Wer kann das jetzt noch sein", hatte Heike Thomsen in der Küche gefragt. „Hoffentlich wird Alicia nicht wach."

„Keine Ahnung", hatte Herbert Thomsen geantwortet. „Ich schau mal nach."

Er hatte die Tür geöffnet – und war erschrocken. Vor ihm hatte Thomas Hill gestanden.

„Was wollen Sie denn hier?"

„Ich brauch Kohle", hatte Hill gelärmt.

„Ruhig Mann, das braucht keiner zu hören", hatte Herbert Thomsen gesagt und Hill erst einmal in den Wohnungsflur geschoben. Hill hatte eine deutliche Fahne gehabt und ganz sicher schien er auch nicht mehr auf den Beinen gewesen zu sein. Er hatte ein bisschen geschwankt.

„Schon gut, schon gut", hatte er gemurmelt.

„Wer ist denn das?" Heike Thomsen war aus der Küche gekommen und hatte die merkwürdige Szene betrachtet. Unbekannter Besuch zu dieser Uhrzeit, und der Mann schien auch noch betrunken zu sein.

„Ach, das ist ein neuer Kollege aus dem Amt. Wir haben uns ein bisschen angefreundet. Und jetzt scheint er Probleme zu haben, was Thomas?", hatte Herbert Thomsen gesagt und Hill dabei leutselig auf die Schulter geklopft. Dass er so geistesgegenwärtig reagieren konnte, darauf hätte Herbert Thomsen vorher nicht gewettet. Thomas Hill hatte sich ebenfalls als blendender Schauspieler erwiesen: Er hatte etwas verlegen gelächelt. „Entschuldigen Sie, gnädige Frau, ich wollte bestimmt nicht stören."

„Schon gut", hatte Heike Thomsen gesagt. „Bequatscht, was ihr zu bequatschen habt. Aber seid leise." Damit war sie im Schlafzimmer verschwunden. Heike Thomsen war müde gewesen. Und ihre Depressionen hatten sich wohl auch wieder gemeldet.

„Kommen Sie erst mal hier rein", hatte Herbert Thomsen gezischt, den ungebetenen Besucher in die Küche gezogen und die Tür zugemacht.

„Also, was ist nun mit der Kohle? Hab' Durst, und mein Kumpel und ich wollen noch in 'nen Puff." Thomas Hill hatte ein wenig gelallt.

„Ich habe kein Geld im Haus."

„Na, dann hol doch was. Geldautomaten haben immer offen."

„Mensch Hill, verstehen Sie doch. Mein Konto ist hoffnungslos überzogen. Meine Tochter ist sterbenskrank, und meiner Frau geht es auch nicht gut. Ich pfeif aus dem letzten Loch. Sie haben den Falschen erwischt."

„Dein Problem", Hill war unbeeindruckt geblieben. „Ich weiß, dass du von den Schaustellern kassierst. Hab ich selbst gesehen. Da kommt doch einiges zusammen. Und ich will was abhaben von diesem schönen Kuchen." Hill war

lauter geworden. Er hatte den letzten Satz mit Nachdruck gesagt.

„Seien Sie doch leise." Herbert Thomsen hatte verzweifelt über einen Ausweg nachgedacht. Ihm war keiner eingefallen. Er musste Zeit gewinnen. „Es geht wirklich nicht. Verstehen Sie doch – ich brauche das Geld nicht für mich, sondern für meine Tochter. Alicia soll wieder gesund werden."

„Dein Problem. Nicht meins. Hab ich dir doch schon gesagt." Hill war näher gekommen. Er hatte nach Bier gestunken. „Und noch was will ich dir sagen", hatte er gezischt. „Du bist doch nur eine kleine korrupte Ratte. Sitzt auf dem hohen Ross, machst einen auf besorgten Vater und kassierst Schmiergeld. Vielleicht haust du ja ab mit der Kohle und lässt deine liebe Familie sitzen. Trau ich dir zu. Du bist keinen Deut besser als unsereins. Also, Kohle her oder ich packe aus. Dann kannst du deinen Job an den Nagel hängen und deine Tochter gleich ins Heim bringen. So sieht`s aus."

Herbert Thomsen hatte schwer atmen müssen. Seine Handflächen waren feucht geworden. „Okay", hatte er mit belegter Stimme gesagt, „lassen Sie uns noch mal reden. Aber nicht hier. Draußen, da sind wir ungestört."

„Na gut, dann können wir ja gleich beim Geldautomaten vorbeischauen." Thomas Hill war vorausgegangen.

Herbert Thomsen hatte noch einen Moment allein in der Küche gestanden. Er war unschlüssig gewesen. Verzweifelt. Was sollte er tun? Seine Welt drohte zusammenzubrechen. Was sollte aus Alicia werden?

Dann hatte er das Messer gesehen. Das Messer seines Freundes und Kollegen Seeger. Nicht lang, aber unglaublich scharf. Ein Messer, wie Profis es benutzen. Seeger war

Koch. Herbert Thomsen war kein Profi. Er hatte schnell ein Handtuch um die Klinge gewickelt und das Messer in die rechte Innentasche seiner leichten Sommerjacke gesteckt. Und er war Thomas Hill nach draußen gefolgt. Leise hatte er die Wohnungstür zugezogen.

Draußen würde es eine Lösung geben. Da war sich Herbert Thomsen plötzlich sicher gewesen. Seine Handflächen waren wieder staubtrocken gewesen. „Gehen wir", hatte er zu Thomas Hill gesagt, der schon auf dem Bürgersteig gewartet hatte.

*

Es war einer dieser Tage im November, an denen man schon morgens die Ahnung hatte, es würde heute nicht hell werden. Keine Aussicht auf irgendwas - und hoffentlich kein neuer Fall, irgendwo weit draußen, irgendwo im nasskalten Reinhardswald. Eigentlich war ein warmes Büro der richtige Ort. Da saß Anke Dankelmann und legte mit einem Seufzer der Erleichterung eine Akte ins Ausgangskörbchen. Sie schrieb eine kurze Mail, klickte auf „Senden" und rieb sich die müden Augen. Dieses Durcheinander der letzten Wochen hatte die Zeit wie im Flug verrinnen lassen. Erst der Zisselmord, eine total festgefahrene Ermittlung. Ihr Kollege Bernd Stengel meinte, vielleicht geschähe beim nächsten Zissel eine ähnliche Tat, dann sei es fast schon ein Serienmord. Vielleicht. Anke Dankelmann glaubte nicht dran.

Sie zündete sich eine Zigarette an. Ja, sie hatte angefangen zu rauchen. Unverzeihlich war das. Eigentlich.

Aber die Biere bei Lohmann machten Hunger, und dann wurde die Frau Kommissarin nachts zur Räuberin. Sie plünderte den Kühlschrank. Heißhunger nennt man so was. Wenn dann noch, wie im Fall Dankelmann, Charakterschwäche dazu kam und man nicht zu sich selbst Nein sagen konnte, hatte man schnell einige Pfunde zu viel auf den Hüften. Schimpfte sie mit sich selbst. Auf jeden Fall war sie auf die großartige Idee gekommen, ihren Hunger mit Glimmstängeln zu bekämpfen. Eine Schnapsidee, zugegeben. Denn nun hatte sie ein weiteres Laster am Hals.

Zwischenzeitlich waren sie eingebunden gewesen in andere Fälle: Den Mord an einer Kasseler Jugendlichen – und da war es dann ein Serientäter, wie sich dank eines Geistesblitzes von Bernd Stengel herausstellte. Alle anderen Beteiligten an den Ermittlungen hatten nachgedacht – und er hatte logisch kombiniert. Der Mann saß in Haft. Danach hatten sie an einem alten Fall weitergearbeitet. Der Döner-Mord war immer noch ungeklärt. Sie hatten einen Verdächtigen in Hofgeismar observiert, im Umfeld ermittelt – und den Mann dann durchs Raster fallen lassen. Er war nicht der Täter.

Immer blieb bei dieser Arbeit das Gefühl zurück, nur den halben Job erledigt zu haben, egal, ob man einen Täter hatte oder nicht. Gab es kein Ergebnis, blieb Unzufriedenheit und das Gefühl einer schreienden Ungerechtigkeit. Und auch wenn man einen Täter hatte: Weil man den Opfern und ihren Angehörigen nicht helfen konnte, nur der Gerechtigkeit. Zumindest bis zum Richterspruch.

Diesen Job, hatte Anke Dankelmann schon oft gedacht, kann ich nicht bis zum Lebensende machen. Schon heute gab es so viele Zusammenhänge, so viele Orte in dieser kleinen Großstadt Kassel, die berufsbedingt für sie vorbelastet waren. Es gab Zeiten, da ging man tough damit um. Und manchmal, in Phasen, in denen es einem selbst nicht so gutging, da tat einem das körperlich weh. „Ich gehe dann immer stundenlang raus mit dem Hund“, hatte Bernd Stengel gesagt, als sie bei einem Geburtstagsfest eines Kollegen darüber gesprochen hatten.

Es war sowieso komisch, wie ähnlich man sich in manchen Dingen in diesem Beruf wurde, selbst wenn man so unterschiedlich im Typ und so unterschiedlich in der Lebensweise war – und sich deswegen immer mal gegenseitig in den Haaren lag. Als sie heute Morgen den Abschlussbericht ihrer Ermittlungen für eine Soko in Solingen, die um Amtshilfe bei der Suche nach einem möglichen Gewaltverbrecher gebeten hatte, ordentlich ausdruckten, hatte Stengel gesagt: „Ich glaube, dir geht es auch so. Dieser Scheiß Zisselmord. Ich kriege Pickel, wenn ich daran denke, den ins neue Jahr mitzunehmen.“

„Komm, lass uns die Zisselakte noch mal durchgehen!“

„Haben wir schon hundertmal gemacht. Zweihundertmal.“

„Dann noch einmal“, hatte Anke Dankelmann geantwortet und sich mit ihm für diese Arbeit heute Nachmittag verabredet, anschließend wollten sie zur Eröffnung des Weihnachtsmarktes.

Bernd Stengel kam rein, ein paar Akten unter dem Arm.

„Willst du auch einen Kaffee?“, fragte Anke Dankelmann ihren Kollegen und steckte sich wieder eine Zigarette an. „Ich habe vorhin welchen aufgesetzt.“

„Nee, lass mal, ich kriege vor lauter Kaffeetrinken noch einen Herzkasper“, sagte Bernd Stengel. „Und du solltest endlich wieder das Rauchen lassen. Das ist bei Frauen in deinem Alter nicht gut für die Haut. Und außerdem stinkt es in deinem Büro wie in einer Eckkneipe.“

„Unverschämtheit. Ich bin erst 38 und meine Haut geht dich gar nichts an“, sagte Anke Dankelmann. Aber irgendwie hatte Stengel schon Recht. Ich muss wieder öfter ins Fitness-Studio, dachte sie. Dann hob sie die Nase in die Luft. In der Tat, es roch schlecht. „Na, so schlimm stinkt es doch gar nicht“, sagte sie laut.

Aber Stengel bohrte weiter: „Und zugenommen hast du auch.“

„Pass du mal lieber auf dich auf. Du bist ein Langweiler, Pedant und Besserwisser. Und damit wirst du vermutlich 100 Jahre alt. Selbst schuld“, konterte Anke Dankelmann. Aber im Stillen ärgerte sie sich. Ja, sie musste sich zusammenreißen. Weniger trinken, weniger essen und mit dem Rauchen aufhören.

„Lass gut sein und check mal lieber alles, was wir intern im Netz haben“, sagte Stengel. Und schlug den ersten Aktenordner auf.

Nach einer Stunde öffnete Anke Dankelmann das Fenster. „Weißt du was?“

Bernd Stengel schaute hoch. „Ne. Haste einen neuen Freund?“

„Och komm, nicht schon wieder auf meinem Privatleben rumtrampeln, ich bin ganz im Dienst und der Herr belieben zu stänkern.“

„Reiner Sauerstoffmangel.“

„Liegt an deinen zu engen Gefäßen, solltest mal mehr Bier trinken.“

„Was ist denn nun?“ Bernd Stengel fiel nichts Schlagfertiges mehr ein.

„Wollen wir einfach mal auf dem Weihnachtsmarkt rumschlendern und gucken, wer von unseren Freunden von damals einen Stand hat? Und ein bisschen nachfragen? Wie viel sie diesmal gezahlt haben?“

„Mensch, Anke, wir haben im Zuge der Standplatzvergabe das Ordnungsamt komplett gecheckt, da ist nichts krumm gelaufen.“

„Genau daran habe ich gedacht. Wieso sind wir nicht früher darauf gekommen? Die Jungs erzählen uns, sie müssten 500 Euro abdrücken für einen Standplatz, machen das seit Jahren. Dann ist Herbstmesse – angeblich geht alles ohne Schmiergeld über die Bühne. Jetzt ist Weihnachtsmarkt, und unser Mann sitzt doch immer noch im Ordnungsamt, oder? Aber alles läuft wieder astrein ab. Und das einzige, was zwischenzeitlich anders ist: Dieser Hill ist tot. Also könnte das Ende der Schmiergeldzahlung doch mit Hill zu tun haben.“

„Was soll der denn mit den Bestechungen zu tun gehabt haben? Der saß doch nicht im Ordnungsamt. Hatte keinen Einfluss."

„Stimmt", sagte Anke Dankelmann. „Und wenn er derjenige war, der das Ganze hat auffliegen lassen? Und dafür umgebracht wurde?"

„Du meinst, er hat was mitgekriegt, den Typen unter Druck gesetzt und gleichzeitig im Kollegenkreis geplaudert?"

„Na ja, irgendetwas in der Richtung. Das würde doch Hills Tod erklären. Wenn aber jemand davon etwas mitbekommen hat, dann ist der Schmiergeldempfänger weiter erpressbar. Und wer könnte Interesse daran haben, ihn unter Druck zu setzen?"

„Unsere Kumpels?"

„Bingo! Ab zum Weihnachtsmarkt. Und diesmal trinkst du einen Glühwein."

„Ich bringe dich um!" Bernd Stengel schauderte bei der Vorstellung, sein Magen rumorte im vorauseilenden Gehorsam und die ersten Magensäfte sammelten sich zum sodbrennerischen Volksaufstand.

„Wer zuerst am Ausgang ist, muss nicht zahlen", brüllte Anke Dankelmann und rannte los. Auf dem Weihnachtsmarkt, beim ersten Glühweinstand, zückte sie ihre Geldbörse.

*

Herbert Thomsen und Thomas Hill hatten in der Menzelstraße gestanden. Der leidgeprüfte Familienvater, der zum korrupten Beamten geworden war. Der Gelegen-

heitsarbeiter, der dabei war, eine neue Karriere einzuschlagen – als Erpresser.

Herbert Thomsen war eines klar gewesen – er musste Zeit gewinnen. Diesen Hill irgendwie weglocken von allem, was nach Geldautomaten aussah. Der nächste war in der Akademiestraße, wusste Thomsen. Nur wenige Schritte entfernt. „Kommen Sie", hatte Herbert Thomsen gesagt und Hill über die Straße gezogen. „Wir gehen zum Zissel. Ein paar Bierchen trinken. Ich lade Sie ein. Da können wir auch besser reden."

„Reden brauchen wir nicht. Sie zahlen, und damit basta", hatte Hill versetzt. „Aber Bier trinken ist immer gut."

Die beiden Männer waren in die Karlsaue gegangen. Am Eingang des riesigen Parks hatte noch Licht im Wächterhaus gebrannt. Obwohl, Parkwächter gab es eigentlich nicht mehr in der Aue. Komisch, dass Thomsen das gerade in dieser Situation eingefallen war. Er hatte es in der Zeitung gelesen. Waren wohl vom Land Hessen eingespart worden, aus Kostengründen.

Sie waren schweigend durch den Park gegangen. Vom Fuldaufer lärmte der Zissel herüber. Schließlich hatten sie den Auedamm erreicht. „Kommen Sie, trinken wir was im Bootshaus. Danach können wir ja noch weiterziehen", hatte Herbert Thomsen gesagt.

„Okay, wenn du zahlst." Thomas Hill war plötzlich ins Du verfallen.

Herbert Thomsen hatte nichts dazu gesagt. Der Mann scheint sich seiner Sache sicher zu sein, hatte er nur gedacht.

Das Bootshaus war eigentlich die Basis des Rudervereins Kurhessen Cassel. In den Bootshäusern an der Fulda kannte sich Herbert Thomsen aus. Die meisten hatten eine Schanklizenz, und auch dafür war Herbert Thomsen zuständig. Seit einiger Zeit war das Bootshaus nicht nur ein Haus für Boote, sondern auch öffentliche Kneipe und Restaurant. Mit traumhafter Terrasse zur Fulda. Unter der Kneipe waren die Boote untergebracht, und rechts auf dem Gelände war ein dichtes Gebüsch. Das wussten aber nur wenige derer, die am diesem Abend im Bootshaus ihr Bier getrunken hatten. Herbert Thomsen, der Mann vom Ordnungsamt, wusste es.

Sie bestellten. Ein Bier, zwei Bier, drei Bier. Herbert Thomsen war auf Wasser umgestiegen, Thomas Hill hatte weiter getrunken.

„Muss ich das so trocken runterwürgen?“, hatte er sich beschwert. Hill hatte schon einen in der Krone. „Wie sieht's denn mal mit einem Kurzen aus, Herbert?“

„Einen Malteser“, hatte Herbert Thomsen bestellt, „und für mich bitte ein Wasser.“

„Ha, wird dir wohl zu teuer mit mir“, hatte Hill gefeixt, „aber das ist noch gar nichts. Zahlemann und Söhne kommt erst noch“. Hills Zunge war schon ziemlich schwer. „Also, mein kleiner korrupter Beamter, wann rollt denn nun die Kohle an?“

„Seien Sie doch ruhig.“ Herbert Thomsen hatte sich ängstlich umgesehen. Zu viele Menschen waren in der Kneipe. Sie feierten Zissel. Laut und lärmend. Aber es war doch möglich, dass jemand mithörte.„Kommen Sie, wir reden draußen weiter. Wir gehen noch woanders hin. Bitte zahlen“, hatte Herbert Thomsen den Ober gerufen.

Die Luft war angenehm kühl gewesen. Und sie hatte Thomas Hill wie ein Hammer getroffen. Er war nicht nüchtern geworden, im Gegenteil. Der Schock der Frische hatte ihm erst jetzt bewusst gemacht, wie voll er inzwischen war. „Mir ist schlecht", hatte er gesagt. „Ich glaub, ich muss gleich kotzen".

„Kommen Sie!", Herbert Thomsen hatte den schwankenden Hill zum Gebüsch gezogen. „Hier sind Sie ungestört."

Thomas Hill hatte sich übergeben. Herbert Thomsen hatte nur wenige Schritte entfernt gestanden und gewartet. Zeit, die Situation zu überdenken. Nein, dieser Hill würde nicht dafür sorgen, dass seine Alicia noch länger leiden musste. Er würde von dem Geld, das er bisher eingenommen hatte, nichts abgeben. Niemandem, keinen Cent. Es war für Alicia. Für ihre Zukunft. Eine Zukunft ohne epileptische Krämpfe, ohne Schmerzen. Dafür würde er, Herbert Thomsen, sorgen. Er würde mit Alicia in die USA fliegen, zu den Delfinen. Dieser Hill hatte ja keine Ahnung gehabt, wie entschlossen er war. Herbert Thomsen hatte tief Luft geholt. Er hatte das Messer in seiner Jackentasche gespürt. Tief im Innern hatte er bereits gewusst, dass er es auch einsetzen würde. Für Alicia.

Thomas Hill hatte sich nicht allein aufrecht halten können, hatte versucht, sich an einem Busch festzuhalten und mit der freien Hand den Mund abgewischt. „Thomsen, komm mal her, hilf mir", hatte er gerufen.

Herbert Thomsen war zu seinem Erpresser gegangen.

„Also, was ist nun, Thomsen", hatte Hill gefragt und weiter mühsam versucht, sich gerade zu halten. „Damit es klar ist. Ich will Kohle. Und zwar regelmäßig. Jeden Monat 1.000 Euro. Die kannst du doch locker machen."

„1.000 Euro im Monat?", Herbert Thomsen war entsetzt. „Das geht nicht. Wie stellen Sie sich das vor? Ich

habe das Geld nicht. Und was ich habe, brauche ich für Alicia. Verstehen Sie doch – meine Tochter ist krank. Es soll ihr wieder gutgehen."

„Deine Tochter ist mir scheißegal", hatte Thomsen gelallt. „Wenn du nicht mitmachst, gehe ich zu deinem Chef. Oder noch besser, zur Polizei. Dann ist der liebe Herr Beamte nicht nur seinen Job los, sondern sitzt auch noch im Knast. Und deine Frau wird bald mit anderen herumvögeln. Und weißt du noch was? Deine Tochter kommt ins Heim. Nach Merxhausen, in die Klapse."

Herbert Thomsen hatte gemerkt, wie er langsam die Fassung verlor. Er hatte zu schwitzen begonnen und seine Hände zu zittern. „Mann, nehmen Sie doch Vernunft an. Ich kann nicht zahlen!", hatte er Hill angefleht und den Mann an den Oberarmen gepackt, ihn geschüttelt.

„Lass mich los, du Penner!", hatte Hill gezischt. „Ich hab die Schnauze voll von deinem Gejammer. Wenn ich nichts abkriege, mache ich dich fertig. Ich gehe zur Polizei. Jetzt, auf der Stelle." Thomas Hill hatte Herbert Thomsen zur Seite geschoben.

„Nein!", hatte der verzweifelt gerufen und in seine rechte Jackentasche gegriffen. Dann hatte er das Messer in seiner linken Hand gehabt. Das Messer vom Rathauskoch Peter Seeger. Ein Messer für Profis. Peter Seeger nahm es zum Tranchieren und Filetieren.

Der erste Stoß war für Thomas Hill völlig unerwartet gekommen. Die Klinge hatte ihn rechts unten getroffen und war tief in die Leber eingedrungen, ohne Widerstand. Herbert Thomsen hatte die Szene wie von außen beobachtet.

Hill hatte gar nichts begriffen. „Waaa...", hatte er geröchelt. Seine Augen waren groß und weit geworden. Und er war nach vorn geklappt. Da hatte ihn die Klinge zum zweiten Mal getroffen. Herbert Thomsen hatte noch einmal zugestochen. Von unten. Ein Stich mitten ins Herz. Thomas Hill fiel lautlos. Thomas Hill war tot.

Herbert Thomsen hatte schwer geatmet. Nein, Gewissensbisse hatte er nicht. Auch keine Panik. Dann hatte er schnell gehandelt, den leblosen Körper Hills zum Ufer gezogen und ihn ins Wasser gestoßen. Schließlich hatte er den Griff des Messers mit seinem Taschentuch gesäubert und es in die Fulda geworfen. Trotz Zissel würde es eine Zeit dauern, bis man die Leiche fand. Und wer würde schon eine Verbindung zu ihm ziehen? Zu ihm, dem korrekten Beamten. Dachte Herbert Thomsen. Dann ging er nach Hause. Zu Alicia.

*

Kurt Möller war einfach ein Glückskind. Eine Woche war es her, als er auf die Idee gekommen war, diesen alten Wohnwagen draußen vor seiner Doppelgarage zu verkaufen. Der würde nicht mehr viel bringen, aber der musste weg. Verschandelte den ganzen Eingangsbereich der Hollywood-Villa. Fand zumindest Ines. Und der konnte er kaum was abschlagen.

Früher hatte Thomas Hill in diesem Wohnwagen gepennt, wenn sie mit dem Kinderkarussell unterwegs waren. Hill, dieser Verlierer, dachte Kurt Möller. Na ja, es gab bessere Arbeiter, aber auch schlechtere. Immerhin war das Karussell mit Hill wirklich gut gelaufen. Und beschissen hatte er ihn auch nicht mit den Einnahmen. Soweit er das kontrollieren konnte.

Möller war also in den Wohnwagen geklettert, um ihn auszuräumen. Es waren nur noch ein paar Zettel, sechs leere Bierdosen und ein paar Krimis da. Nachdem die Polizei den Wohnwagen freigegeben hatte, hatte er Hills persönliche Sachen nach Mallorca geschickt, zu dessen Bruder. Es war wenig. Ein Koffer hatte gereicht.

Als Möller die Krimis in die Hand genommen hatte, war ihm ein kleines Heft zwischen den Romanen aufgefallen. So eine Kladde, in die man sich Notizen machte. Muss die Kripo wohl übersehen haben. Die werden auch immer schlampiger, hatte Möller gedacht.

Er war neugierig gewesen. Kurt Möller, genannt Karussell-Kurt, hatte das Heft aufgeschlagen.

Es war ein Kalender. Thomas Hill hatte sich Notizen gemacht. Von einigem, das ihm wohl wichtig war. „Manfred, Mallorca, Geburtstag nicht vergessen“, stand da. Oder auch: „Jochen fragen, ob er zum nächsten KSV-Heimspiel mitkommt.“

Kurt Möller blätterte weiter. „Zissel“ war da in rot vermerkt und mit drei Ausrufezeichen versehen. Und darunter stand: „Ordnungsamt bestechlich. Thomsen. Möller zahlt.“

Guck mal an, hatte Kurt Möller gedacht. War mir diese Niete doch tatsächlich auf die Schliche gekommen. Aber gesagt hatte Hill nichts.

Nur wenig später gab es einen neuen Eintrag. „Das Elend hat ein Ende“, hatte Thomas Hill da geschrieben. „Das Ordnungsamt unterstützt mich.“ Der Satz war fett unterstrichen.

Nett formuliert, hatte Kurt Möller zugeben müssen. Hätte ich dir gar nicht zugetraut, Thomas. Gute Umschreibung für eine Erpressung.

Kurt Möller war nicht auf den Kopf gefallen. Er hatte sofort gewusst, was die dürren Worte bedeuteten: Thomas Hill hatte mit seinem Wissen Herbert Thomsen erpresst, und der hatte seinen Peiniger getötet. Sieh an, hatte Kurt Möller sich gewundert, wozu die Beamten im Ordnungsamt alles fähig sind.

Nun war Kurt Möller keiner, der nach derlei Erkenntnissen nervös wurde. Oder etwa gleich zur Polizei rannte. Nein, die Sache musste überdacht werden. Möller hatte sofort gespürt, dass er daraus Kapital schlagen konnte. Ja, natürlich, das war es. Er, Karussell-Kurt, würde nun an die Stelle von Thomas Hill treten. Natürlich war er ein ganz anderes Kaliber als dieser Hill. Viel schlauer. Die Sache würde klappen. Kurt Möller, der clevere Karussell-Besitzer, würde nie mehr für einen Stellplatz in Kassel zahlen. Da war er sich sicher.

Kurt Möller hatte seinen Bauch durch die schmale Wohnwagentür gewuchtet. Ein kleines Schäferstündchen mit Ines hatte auf ihn gewartet. Im Haus angelangt, hatte sich Kurt Möller ein Glas aus dem Küchenschrank geholt und Wasser hineingegossen. Für eine halbe Tablette Viagra.

*

Auf dem Schreibtisch von Herbert Thomsen stapelten sich die Papiere. Ein Mann aus Kasachstan wollte eine Schankerlaubnis, eine Frau im nächsten Frühjahr die Konzession für einen Biergarten. Routinekram. Was ihm wirklich Sorgen machte, war, dass die nächste Messe vor der Tür stand. Und damit die Schausteller. Ihre Platzwünsche lagen auf seinem Schreibtisch. Die offiziellen. Dass es natürlich wieder inoffizielle gab, bewies der Anruf von Kurt Möller. Dieser dicke schmierige Karussell-Besitzer wollte sein Fahrgeschäft natürlich wieder mittendrin haben im Trubel. Mit einer Bierbude nebenan. Wie immer.

Ich will die ganze Scheiße nicht mehr, dachte Herbert Thomsen, das habe ich doch allen gesagt. Er hatte Geld kassiert, jawohl. Aber nicht für sich, sondern für Alicia. Mit dem Schmiergeld der Schausteller hatte er den USA-Aufenthalt für sich und seine Frau bezahlt. Und für Alicia. Sie alle hatten gehofft, dass die Delfintherapie helfen würde. Hatte sie auch - kurzfristig. Aber nun, in Kassel, war wieder alles beim Alten. Diese epileptischen Anfälle, die Krämpfe, das „Paaaahh", das Papa heißen sollte. Nein, er musste sich damit abfinden. Alicia würde nie gesund werden. Es gab keine Hoffnung mehr.

Und dafür hatte er getötet. War zum Mörder geworden.

Herbert Thomsen stand auf. Wenn er an jenen Zisselabend zurückdachte, konnte er nicht still sitzen bleiben. Eine innere Unruhe überfiel ihn, seine Hände zitterten. Oder lag es an dem Anruf von diesem Möller, gerade eben, vor zehn Minuten.

„Hallo Thomsen, hier Möller. Karussell-Kurt, Sie wissen schon“, hatte es aus dem Hörer gedröhnt.

„Guten Tag,Herr Möller, was kann ich für Sie tun?“

„Quatschen Sie nicht so kariert. Sie wissen genau, was Sie für mich tun können. Es hört doch keiner mit, oder? Den besten Stellplatz will ich auf der Frühjahrsmesse haben. Den allerbesten, verstanden?“

„Wissen Sie, Herr Möller, so einfach geht das nicht mehr“, hatte Herbert Thomsen gesagt. Er hatte sich geräuspert und seinen ganzen Mut zusammengenommen. „Wissen Sie, ich habe mich sozusagen aus dem Geschäft zurückgezogen. Wenn man das so sagen kann.“

Am anderen Ende der Leitung war Kurt Möller sprachlos.

„Sie müssen verstehen. Es geht nicht mehr. Ich will und brauche Ihr Geld nicht mehr“, hatte Herbert Thomsen sanft dazugesetzt.

„Sie, Sie können mich mal“, hatte Kurt Möller ins Telefon gebrüllt. „Dann muss ich wohl andere Saiten aufziehen. Ich kriege den besten Platz, darauf können Sie Gift nehmen. Von Ihnen persönlich ausgewählt und sauber geputzt. Das sage ich Ihnen, so wahr ich Karussell-Kurt genannt werde. Ich habe noch immer bekommen, was ich wollte.“

„Herr Möller, ereifern Sie sich doch nicht so. Glauben Sie mir, es geht wirklich nicht. Die alten Zeiten sind vorbei. Ein für alle mal. Es geht nicht mehr.“

„Das glaube ich nicht", hatte Kurt Möller gezischt. Seine Stimme hatte nicht mehr laut geklungen, dafür aber irgendwie gefährlich. Bedrohlich.

Herbert Thomsen hatte gespürt, dass etwas auf ihn zukommen würde. Etwas, das er nicht mehr beherrschen konnte.

„Nun hören Sie mir mal ganz genau zu. Sie geben mir den Platz, oder Sie werden nie mehr irgendetwas tun. Und dass wir uns richtig verstehen: Sie werden mir den Platz sogar ganz umsonst geben. Und nicht nur für diese Frühjahrsmesse, sondern immer. Solange Sie im Amt sind."

„Herr Möller, ich verstehe nicht ganz". Herbert Thomsens Stimme war belegt. Er hatte Angst gehabt. Ja, er hatte sich gefürchtet. Vor Kurt Möller, vor der Zukunft. Und ganz bestimmt davor, was der dicke Schausteller als nächstes sagen würde.

„Das können wir nicht am Telefon bereden", hatte Kurt Möller geraunzt. „Wir müssen uns treffen. Morgen, um 12 Uhr, auf dem Königsplatz. Da können wir schon den schönsten Platz für mein Karussell auswählen, für den nächsten Weihnachtsmarkt, damit ich nicht wieder direkt neben diesen komischen Geschenkartikeln und den Weihnachtskarten stehe. Noch mal wird es das nicht geben. Ich bin sicher, Sie werden mir eifrig helfen. Denn ich werde Ihnen schöne Grüße mitbringen. Von Thomas Hill, Ihrem besonderen Freund." Dann hatte Kurt Möller aufgelegt.

Und Herbert Thomsen hatte den Hörer noch lange fest umklammert gehalten. Nun bewegte er sich wieder ein wenig. Seine Hände zitterten immer noch.

Kurt Möller aber lehnte sich in seinem ledernen Kaminsessel wohlig zurück und zündete sich eine Zigarre an. Er war ein glücklicher Mann. Es lief bestens. Geschäftlich. Denn da würde er bald nie mehr etwas für seine Stellplätze in Kassel zahlen müssen. Der Hill, dieser Schwachkopf, hatte ihm unfreiwillig ein prima Erbe hinterlassen.

Privat war auch alles in Butter. Seine Frau Ines lief gerade an ihm vorbei. Nackend. Ihr riesiger Busen wippte dabei nur ganz wenig. Steht wie eine Eins, dachte Kurt Möller. Hatte ja auch genug gekostet. Wie groß, fest und doch weich die Brüste waren, davon hatte sich Kurt Möller vor einer halben Stunde wieder überzeugt. Da hatte er mit Ines im Bett gelegen. Er unten, sie oben. Möller hatte gedacht, dass dem Kerl, der Viagra erfunden hatte, doch der Nobelpreis verliehen werden müsste.

*

Ein eisiger Wind wehte über den Königsplatz. Die Elefantenrüssel rund um den Platz hatten schon lange aufgehört, Wasser zu speien. Bei Minusgraden funktionierten sie natürlich nicht. Von Kurt Möllers Warte aus betrachtet hätten sie sowieso abgerissen werden können. Sie behinderten nur die Buden auf dem Platz.

Kurt Möller zog den Kragen seines Kaschmirmantels hoch und schlang den Schal aus feinster Wolle eng um den Hals. Es war kalt. Dann sah er Herbert Thomsen über den Platz gehetzt kommen. Eine kleine, frierende graue Maus, dachte Kurt Möller. Komisch, dass so einer ein Mörder ist.

„Tach, Thomsen, kalt was?", lärmte Möller.

Herbert Thomsen sagte nichts.

„Sehen Sie mal, Thomsen, wo ich hier stehe. Fast mitten auf dem Platz. Und genau hier kommt mein schönes Kinderkarussell hin."

Herbert Thomsen zögerte und bemühte sich, Kurt Möller fest in die Augen zu sehen. „Herr Möller, ich habe doch schon gestern am Telefon gesagt ..."

„Halten Sie den Mund". Kurt Möller unterbrach ihn schroff. „Ich bekomme diesen Platz hier im nächsten Jahr, und damit basta. Hören Sie mir genau zu, Thomsen. Ich habe keine Lust, hier anzufrieren. Also: Thomas Hill hat was Schriftliches hinterlassen. Das ist in meinem Besitz. Ich habe schwarz auf weiß, dass er Sie erpresst hat. Und Sie haben ihn ermordet."

Herbert Thomsen stand bewegungslos da. Wie festgefroren. Aber das lag nicht an den Temperaturen.

„Herr Möller ...", stotterte er.

„Schnauze halten", sagte Kurt Möller. „Ich habe nicht vor, zur Polizei zu gehen. Aber wenn mir plötzlich was Widernatürliches zustoßen sollte, geht das ganze Material an die Bullen. Und Sie in den Knast."

Herbert Thomsen schluckte. „Was wollen Sie also?"

„Nun kommen Sie mal wieder zu sich, so schlimm wird's schon nicht werden", sagte Kurt Möller. „Und um den Hill ist es auch nicht besonders schade. Also hören Sie: Ich kriege ab jetzt immer den besten Platz. Auf dem Zissel, auf dem Weihnachtsmarkt, auf der Messe. Automatisch. Und ich zahle nichts dafür.

Dafür halte ich das Maul. So sieht unser Geschäft aus. Verstanden?“

Herbert Thomsen sagte nichts. Er nickte.

Als Kurt Möller mit der Bemerkung „muss meinem Schnuckelchen zu Hause noch was mitbringen“ in den City-Point verschwunden war, kam Herbert Thomsen wieder zu sich. Er erwachte wie aus einer Trance. Und plötzlich sah er alles ganz klar. Die Erpressung würde weitergehen. Immer weiter. Erst Hill, jetzt Möller. Und dann? Es gab viele Hills und Möllers auf der Welt ...

Herbert Thomsen wusste plötzlich, was er zu tun hatte. Er musste mit Anke Dankelmann sprechen. Die war nicht nur seine Doppelkopf-Freundin, sondern auch Kommissarin bei der Polizei.

*

Es hatte geschneit in den letzten Tagen. Der Weihnachtsmarkt lag wie unter Zuckerwatte, und die Kassen der Schausteller klingelten süß wie nie. Besser geht es eigentlich nicht, dachte Herbert Thomsen. Er machte gerade seinen täglichen Rundgang und sah überall zufriedene Gesichter. Die Besucher strömten nur so herbei und ließen sich von der Vorweihnachtsstimmung verzaubern. Die Geldbörsen saßen locker, was den Frauen und Männern in den Buden ein geradezu verzücktes Lächeln hervorlockte. Ja, bei denen lief alles gut, dachte Herbert Thomsen.

Während er weiter trübe Gedanken mit sich herumtrug, entdeckte er sie. Die Frau, die dort im dicken

Mantel den heißen Rotwein schlürfte, die kannte er. Das war Anke Dankelmann. Sie kicherte, und er hörte ihre laute Stimme. „Mensch, Kollege Stengel, nun stell dich nicht so an und gib noch einen aus."

Aha, dachte Herbert Thomsen, der Mann in dem dunklen Parka, der so asketisch und durchtrainiert wirkte, muss wohl auch bei der Kripo sein. Er hätte sich, dachte Herbert Thomsen weiter, schon längst bei der Polizei melden sollen. Sich anvertrauen. Auspacken. Gestehen.

Ihre Blicke trafen sich, und Herbert Thomsens Magen zog sich zusammen.

Anke Dankelmann winkte herüber. „Hallo Herbert, komm. Trink einen mit", rief sie.

Als Herbert Thomsen am Stand ankam, puffte ihn seine Doppelkopffreundin in die Rippen. „Aber Herbert, nicht, dass du uns verrätst. Wir sind nämlich im Dienst", lachte Anke Dankelmann. Dann nahm sie wieder einen kleinen Schluck von dem dampfenden Getränk.

„Guten Tag, Thomsen vom Ordnungsamt", sagte er zu dem Mann an Ankes Seite. „Und Doppelkopfpartner von Frau Dankelmann."

„Stengel, auch von der Kripo." Der Mann wirkte sympathisch. Ruhig, gefasst. Mit einem Wort, seriös.

Anke Dankelmann kicherte wieder. Ohne Grund, fand Herbert Thomsen.

„Sie hat schon zwei Glühwein", sagte Bernd Stengel nachsichtig. „Ich trinke nur heißen Orangensaft. Die Einsatzfähigkeit der Kasseler Kriminalpolizei ist damit voll gesichert", scherzte er.

Herbert Thomsen zwang sich zu einem Lächeln. Sollte er etwas sagen? Hier, auf dem Weihnachtsmarkt? Mitten im Trubel? Nein, das war nicht der richtige Ort. Nicht die richtige Zeit.

„Mensch, Herbert", lärmte Anke Dankelmann, „du siehst so blass um die Nase aus. Ist was nicht in Ordnung?"

„Vermutlich zu viel Arbeit", sagte Herbert Thomsen unsicher. „Ich muss auch schon weiter. Ich ruf dich mal in den nächsten Tagen an. Vielleicht habe ich ja was für dich."

„Was denn, Herbert?" Anke Dankelmann gab ihren ökologisch korrekten Pfandbecher zurück. „Einen letzten Glühwein nehme ich noch", sagte sie zu Bernd Stengel und der Frau in der Bude. Über die Schulter rief sie Herbert Thomsen nach: „Du weißt doch nicht etwa, wer der Zisselmörder ist, was Herbert?"

Herbert Thomsen war schon weg. Er war zwischen einer Bude mit Bratwürsten und einer mit Weihnachtsschmuck verschwunden.

„Komischer Kerl", fand Bernd Stengel. „Ist der immer so?"

Anke Dankelmann sagte nichts. Sie war auf einmal nüchtern. Komisch, dachte auch sie. Wirklich komisch. Irgendwas ist da im Busch. Das sagte ihr Gefühl. Ihr Gefühl als Frau und ihr Gefühl als Polizistin. Was wollte Herbert Thomsen andeuten?

„Ihr Glühwein." Die nette Dame hinter dem Tresen reichte ihr einen Becher.

„Prost", sagte Anke Dankelmann. Aber irgendwie schmeckte ihr das Gebräu nicht mehr.

*

Anke Dankelmann ging ins Nebenzimmer, erzählte Bernd Stengel die Geschichte. Sie war sichtlich geschockt, sichtlich gerührt. Sie war Profi durch und durch, aber dass ein guter Freund, mit einem solchen familiären Hintergrund, sie mit einem derartigen Geständnis konfrontierte, das ging an die Nieren. Stengel stand auf und nahm sie in den Arm.

„Tut mir leid, echt, aber denk dran: Da ist ein Mensch bei draufgegangen."

„Ich weiß. Lass uns das jetzt offiziell durchziehen. Ich wusste ja nicht, was kommt. Kein Bandmitschnitt, nichts, sorry."

„Na, nun aber. Soll ich das machen?"

Anke Dankelmann nickte, beide gingen zurück zu Herbert Thomsen. Der saß auf seinem Stuhl, blickte starr aus dem Fenster.

„Herbert, du musst dein Geständnis noch einmal wiederholen, wir müssen das protokollieren, okay?"

„Ja. Hab ich mir gedacht. Aber ich musste es erst mal so loswerden. Fangt einfach an."

Bernd Stengel nahm Papier und Bleistift für ein paar Notizen, falls er noch Rückfragen haben würde, das Band lief. Als Herbert Thomsen nach 15 Minuten fertig war, gab es keine Fragen mehr.

„Ich muss Sie jetzt festnehmen, Herr Thomsen."

Der nickte. So spontan er seine Tat verübt hatte, so präzise hatte er wohl die Details seiner Festnahme geplant.

„Anke, ich ..."

„Was mit Alicia wird?“

„Nein, das wird irgendwie gehen. Aber kann ich sie noch mal sehen?“

Stengel schüttelte den Kopf. „Nein, Herr Thomsen. Vielleicht in ein paar Tagen.“

„Was meinst du, Anke, wird sie mich wiedererkennen, wenn sie mich mal besuchen kann oder wenn ich wieder rauskomme?“

„Das nehme ich an, Herbert. Sie erkennt euch doch immer. Deine Stimme, deinen Geruch, deine Nähe – das alles wird ihr vertraut sein, das wird sie nicht vergessen. Sie wird wissen, dass da jemand ist, der sie liebt. Das glaube ich ganz bestimmt.“

„Wird sie mich vermissen?“, fragte Herbert Thomsen.

„Aber ja“, sagte Stengel.

„Ich hoffe nicht“, sagte Thomsen. „Denn ich wollte ihr helfen und ihr nicht weh tun.“

Anke Dankelmann ging raus, auf die Toilette, und heulte los.

Verzweifelte Menschen, verzweifelte Täter hatte sie oft erlebt. Aber noch nie jemanden, der ihr so nahe stand. Alicia, das schwor sie sich, würde eine neue Delfintherapie bekommen. Vielleicht in einem anderen Land, außerhalb der USA. In Russland war jetzt eine besonders erfolgversprechende Variante entwickelt worden. Man durfte nicht aufgeben.

Sie blickte in den Spiegel, brachte ihr Gesicht mit kaltem Wasser halbwegs in Ordnung. Schluss mit Rauchen, vier Euro gespart pro Tag, Spende für Alicia. Das war der Anfang.

KasselKrimis im Prolibris Verlag

Wolf S. Dietrich: Die Tränen des Herkules

213 Seiten, Paperback, 3. Auflage Januar 2006

ISBN 3-935263-27-9 / 12,00 EUR

Einen Moment nur war die Joggerin unachtsam – und prallte mit dem Kunst- und Antiquitätenhändler Alfred Colberg zusammen. Sie hätte aufpassen müssen. Er konnte ihr nicht ausweichen, er hing tot in einem Baum. Was wie ein Selbstmord aussieht, wird von Hauptkommissarin Hanna Wolf und ihrem Mitarbeiter Florian Stöber bald als Mord entlarvt. Aber Täter und Motiv bleiben im Dunkeln. Dann tauchen Hinweise auf, dass verloren geglaubte Bilder des Kasseler Malers Anselm Grünberg wieder aufgetaucht seien, an denen Kunstsammler und Kunsthändler aus der ganzen Welt Interesse haben. Einer von ihnen schreckt auch vor einem Mord nicht zurück.

KasselKrimis im Prolibris Verlag

Andreas Herrler: Tödliche Nachrichten
190 Seiten, Paperback, Originalausgabe 2005
ISBN 3-935263-33-3 / 11,00 EUR

Stefan Uhland ist Nachrichtensprecher bei Radio KuBa in Kassel. Das Thema Nummer 1 der Lokalnachrichten ist seit Monaten ein unheimlicher Serienmörder, der kaltblütig immer nach demselben Schema tötet. Für diese Nachrichten sorgt Stefan Uhland höchstpersönlich! Ausgerechnet sein einziger Freund, Hauptkommissar Suhlke, leitet die Soko Messermann. So erfährt Uhland den Stand der Ermittlungen immer aus erster Hand und fühlt sich ganz sicher, nie erwischt zu werden. Doch seine Sicherheit gerät ins Wanken, als plötzlich ein Mord nach gleichem Muster geschieht, mit dem er nichts zu tun hat ...